사진으로 보는

일본과 일본문화

JAPAN CULTURE

사진으로 보는 일본과 일본문화

2019년 8월 25일 초판 인쇄
2024년 9월 10일 4쇄 발행

지은이 _ 박경연
펴낸이 _ 안순철
기　획 _ 양영유
제　작 _ 성두현
편　집 _ 임현수
마케팅 _ 박광현
펴낸곳 _ 노스보스
등　록 _ 1968.2.27 : No. 제03-00095호
주　소 _ 경기도 용인시 수지구 죽전로 152
전　화 _ 031-8005-2405
팩　스 _ 031-8021-7154

값 13,000원

ISBN 978-89-7092-725-1 03380

사진으로 보는

일본과 일본문화

JAPAN CULTURE

박 경 연 지음

머리말

일본은 '가까우면서 먼 나라'라는 수식어가 붙어 있는 이웃 나라입니다. 일제강점기를 통한 가해자와 피해자의 숙명적 역사 관계, 그로 인한 과거사 청산 문제, 역사교과서 기술 문제, 독도 문제, 경제적 현안 등 아직까지 해결하지 못한 문제가 산재해 있는 가운데 1965년 한일국교정상화, 1998년 한일 파트너쉽 선언 이후 단계적으로 일본의 대중문화 개방, 2002년 월드컵 공동개최와 '한일 국민교류의 해' 제정, 2005년 '한일 우정의 해' 선언, 한류붐과 다양한 외교적 노력 등을 통하여 한일 양국은 관계 개선에 노력하고 있습니다. 한일 상호간의 인식 개선이 한일 관계 개선의 관건이며 감정적 접근을 배제하고 이성적 접근을 통하여 관계의 재정립을 함으로써 한일 관계에 흐르고 있는 양국의 불안정한 기류가 빠른 시일 내에 화해, 협동, 희망의 기류로 변화되어 가기를 간절한 마음으로 기대합니다. 다양한 방안을 모색하고 절충하여 앞으로는 '가까우면서 먼나라'가 아닌 '가까워서 좋고 서로 돕는 이웃 나라'로 거듭나기를 기원합니다.

본 교재를 출판하는 목적은 일본인의 생활, 사회, 의식, 가치관, 행동 양식 등을 습득하고 일본문화에 대한 이해도 및 기초 지식을 향상시킴으로써 보다 발전적인 한일 관계를 정립하는 데 있습니다. 일본문화를 교육함에 있어서 문장을 통한 내용 전달보다는 다양한 사진 자료를 통하여 전달하는 것이 교육 내용을 좀 더 흥미롭고 친근하게 부각시킬 수 있으므로 교육적인 효과를 볼 수 있다고 생각합니다. 다양한 사진을 통하여 생생하고 친근하게 일본의 문화를 접함으로써 다른 문화를 바라보는 안목과 이해의 폭을 넓혀 앞으로 좀 더 발전적인 한일관계 개선에 대하여 생각해 보는 계기가 되었으면 하는 바람입니다.

본 교재의 내용은 일본 열도의 지리적 특성, 교통, 기후, 1월부터 12월까지의 대표적 연중행사, 의복과 음식 및 주거 문화, 국경일, 전통문화로서 대표적인 가부키, 우키요에, 스모의 에도 문화, 다도와 마츠리문화, 결혼과 장례문화, 현대의 대중문화 등을 다루었습니다. 일본과 일본문화라는 교과목을 개설하면서의 목표는 일본문화에 대한 이해를 돕고자 전반적으로 다양한 일본문화를 접하고 우리와는 다른 일본문화를 통하여 한일 관계 개선에 접근하는 방법을 모색하는 데 있습니다.

지금까지 교재도 없이 프린트물로 이 강의를 들어주고 재미있었다고 도움이 되었다고 격려해 주고 응원해 주었던 많은 학생들에게 미안함과 감사의 마음을 전합니다. 앞으로도 일본과 일본문화라는 교과목을 통하여 만남을 기대하는 나의 학생들에게 이 교재가 강의를 듣고 이해하는 데 도움이 되기를 간절히 바라는 마음입니다.

교재 출판을 위해 여러 가지 어려움과 기쁨을 함께 해 주신 단국대학교 출판부 김남필 부장님 이하 성두현 차장님을 비롯한 출판부 가족, 교재 표지 디자인 등 도움을 주신 비이커뮤니케이션즈, 항상 응원해 주시고 도움을 주시는 교내 여러분들과 가족들에게 진심으로 감사한 마음을 전합니다.

人に甘く、自分に厳しく

박경연

목차

제1장

일본 열도의 지역과 사회

일본의 지리

01

일본은 377,915㎢로 세계에서 62번째로 면적이 큰 나라이다. 북쪽으로는 오오츠크해, 서쪽으로는 동해, 남쪽으로는 동중국해, 동쪽으로는 태평양이 있다. 홋카이도北海道, 혼슈本州, 시코쿠四国, 규슈九州로 총 4개의 큰 섬과 약 6,900개의 작은 섬으로 이루어진 섬나라列島이다.

혼슈는 도호쿠東北, 도쿄 근교, 도쿄 중심부, 추부中部, 간사이, 추고쿠中国로 다시 구분할 수 있다. 도쿄와 도쿄 근교 등 간토 지역을 관동 지방이라 하고 오사카, 교토 등 간사이 지역을 관서 지방이라고 부른다.

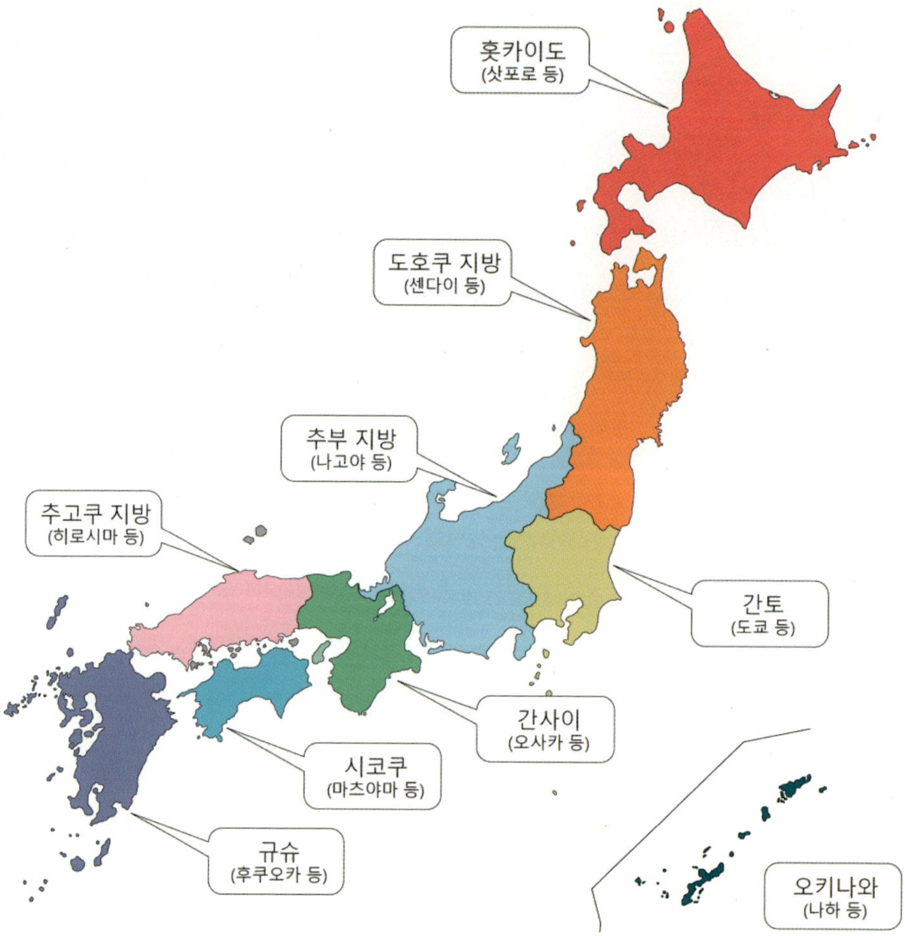

일본의 산지와 산림률

일본은 국토의 약 70%가 산지로 이루어져 있으며 화산과 지진이 많은 나라이다. 일본의 국토 면적을 3,780만 ha로 보았을 때 이 중 70%인 2,500만 ha가 산지이다. 핀란드의 산림률은 72.9%로 1위이고, 스웨덴은 68.7%로 2위, 일본은 68.5%로 세계 3위이다. 중국의 산림률이 17%인 것을 고려할 때 일본의 산림률은 매우 높다고 볼 수 있다.

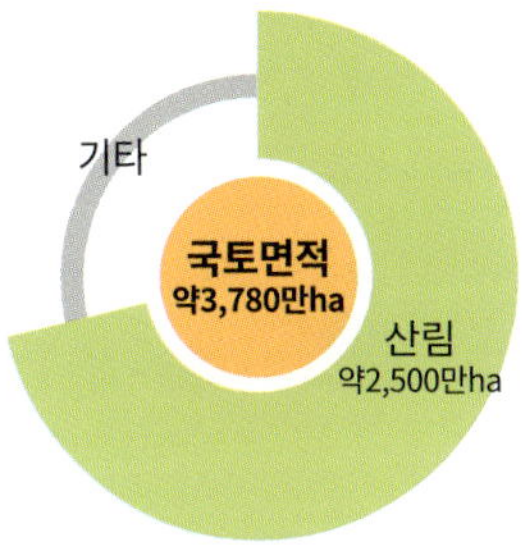

일본의 산림률

세계 산림률

오키노토리시마沖ノ鳥島 영토 분쟁

오키노토리시마는 일본 정부에서 주장하는 최남단 섬이다. 이 섬은 만조가 되면 물에 잠기기 때문에 섬으로서 인정 여부가 논란이 되었다. 이 문제를 해결하기 위해 일본 정부는 1987년부터 600억 엔의 자금을 들여 콘크리트 보강 공사를 통해 섬으로서의 자격을 확실히 하였다. 이 섬을 통해서 일본은 더 넓은 배타적 경제 수역을 확보하였다.

오키노토리시마

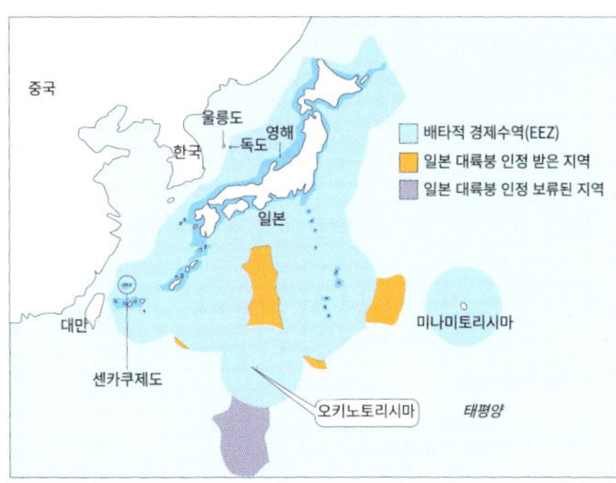

일본이 주장하는 대륙붕과 EEZ

일본의 자연재해

지진

• 관동関東 대지진

1923년 9월 1일 11시 58분 32초에 도쿄를 중심으로 관동 지방에서 대지진이 발생하였다. 이 지진은 규모 7.9~8.4 사이로 추정되며 약 10만 명~14만 명이 사망했고 3만 7천여 명이 실종된 대지진이었다.

• 한신 아와지阪神·淡路 대지진

1995년 1월 17일 5시 46분 52초에 고베 지역을 중심으로 발생한 순간 규모 6.9의 대지진이다. 6천 여 명이 사망했고, 4만 여 명이 부상당했으며, 10조 엔 정도로 추정되는 재산 피해가 발생하였다.

• 니가타현 추에츠新潟県 中越 지진

2004년 10월 23일 오후 5시 46분에 니가타현을 중심으로 발생한 대지진이다. 규모 6.8의 지진으로 한신 아와지 대지진 이후 9년 만에 발생한 대지진으로 사상자는 4천 8백 명 정도였다.

화산

일본은 지리적 특성상 화산과 지진이 빈번하다. 아소산阿蘇山, 운젠다케雲仙岳, 사쿠라지마桜島, 아사마야마浅間山 등 많은 화산들이 현재도 분화 활동 중이다. 화산 분화 시 발생하는 화산재 등의 물질로 인해 인명 피해와 재산 피해가 발생한다.

아소산

아사마야마

일본의 인구 02

일본의 인구는 약 1억 2천만 명 정도로 2014년 기준으로 세계 10위이다. 2019년 기준으로 멕시코의 인구가 크게 증가한 것에 비해 일본의 인구는 감소해 멕시코 다음으로 세계 11위이다. 2018년 기준 65세 고령 인구가 28%가 넘었으며 이는 세계에서 가장 높은 수치이다. 2018년의 신생아 수는 92만 명 정도이고 총 인구는 전년에 비해 44만 명이 감소하였다.

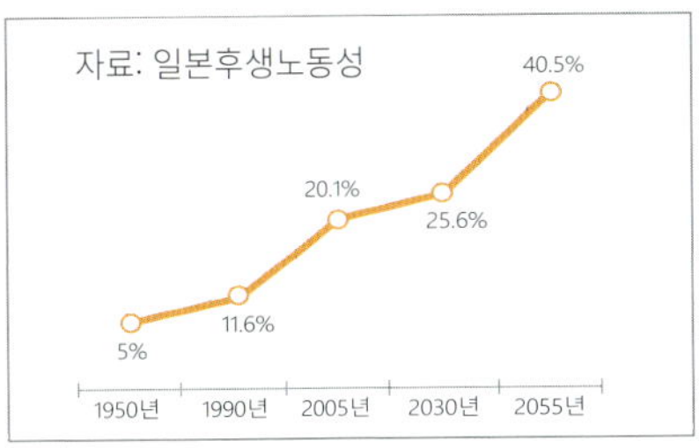

일본 65세 이상 인구 비율 추이

이와 같이 현재 일본은 인구는 감소하는 추세인데 고령화 인구 비율은 증가하고 있다. 이제는 고령화 시대를 넘어 초고령화 시대로 진입했다. 고령자 비율이 높은 만큼 일본 정부는 고령자를 위한 다양한 복지 제도와 정책 마련에 힘쓰고 있다.

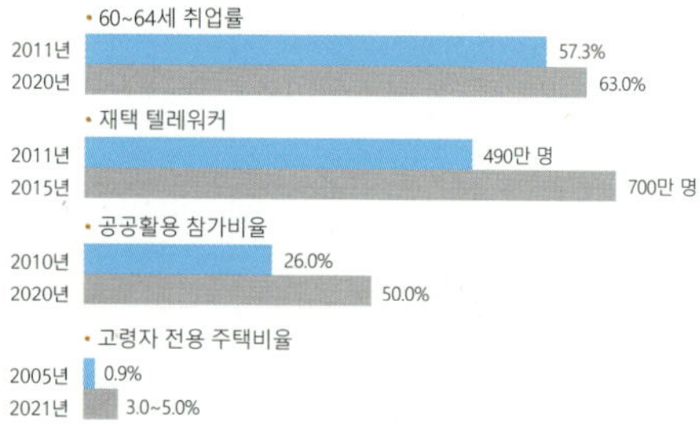

일본 고령화사회 대책 및 주요 목표

일본의 기후 03

일본은 남북으로 길게 늘어져 있어 지역 사이의 기후 차이가 크다. 홋카이도 지방, 동해, 태평양 방향, 내륙지방, 세토우치 지방, 남서제도로 6개의 기후로 세세히 구분할 수 있다. 간단하게는 북부, 중부, 오키나와 3가지 기후로 구분할 수 있다.

북부 지역의 경우 아한대기후나 냉대기후의 특징을 보인다. 여름은 시원하고 겨울은 매우 추워 기온이 영하로 내려간다. 연중 강수량은 적은 편이다. 중부 지역은 온대몬순기후에 속하여 사계절이 뚜렷하며 계절풍의 영향을 많이 받는다. 오키나와 지역은 연중 기온이 높고 강수량이 많은 아열대성 기후이다. 겨울에도 섭씨 15도 이상으로 따뜻하다.

일본의 행정 체계

04

일본의 행정 체계는 도도부현都道府県의 광역자치제와 시정촌市町村의 기초자치제로 나누어진다. 도도부현은 도쿄도東京都, 홋카이도北海道, 교토부京都府, 오사카부大阪府와 43개의 현県을 말한다.

도쿄도는 일본의 47개 도도부현 중 하나로 메이지 시대 이후 사실상 일본의 수도이다. 일본 동쪽의 태평양에 펼쳐져 있는 도쿄 만에 접하고 있으며 북부는 비옥한 간토 평야이다. 도쿄도는 23개의 특별구와 26개의 시市, 5개의 정町, 8개의 촌村으로 구성된 광역 행정 단위이다.

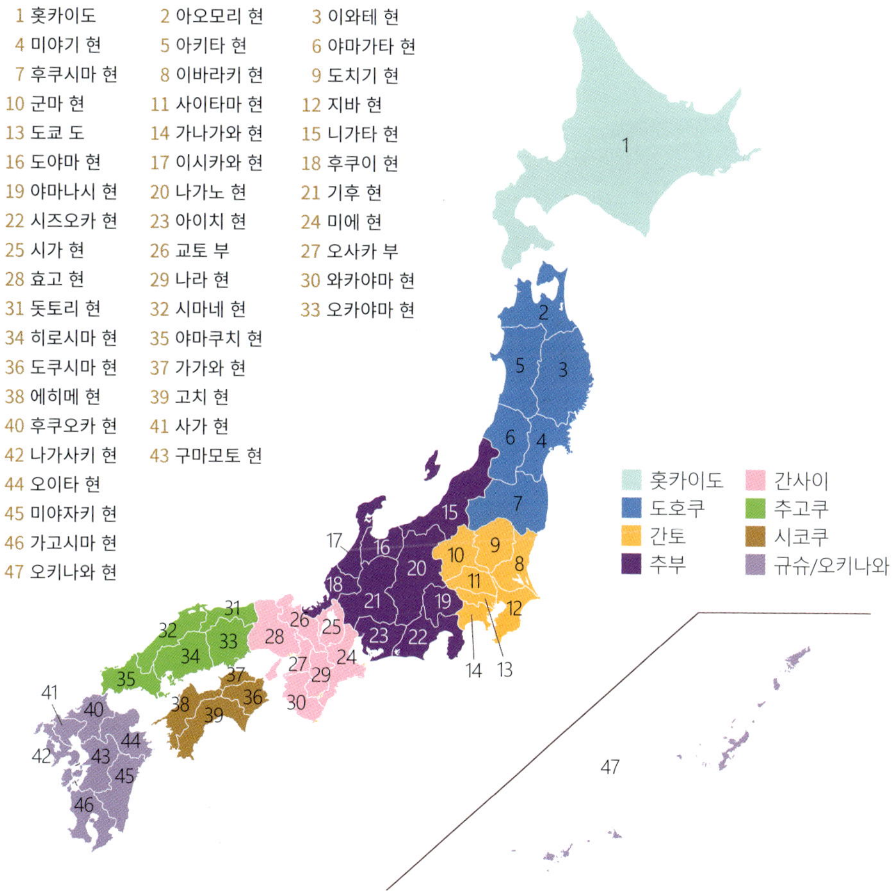

05 일본의 교통

일본의 대표적인 교통수단 중 하나인 철도는 신칸센新幹線과 재래선在来線으로 구분된다. 재래선은 고속철도인 신칸센 이외의 철도 노선을 말한다. 재래선은 주요 도시와 거리가 떨어진 원거리 수송을 담당하는 간선幹線과 대도시와 주변 지역을 연결하는 지선支線으로 나눌 수 있다.

신칸센은 일본의 고속철도이자 세계 최초의 고속철도 체계이다. 과거 민영화 전까지지는 일본국유철도가 운영하였으나 현재는 JR 그룹 5개사가 운영하고 있다. 1964년 10월 1일 도카이도 신칸센이 최초로 개통되었으며 지금도 일본의 주요 상징물 중 하나이다. 2014년에 개통 50주년을 맞이하였으며 50년 동안 신칸센의 내부 요인으로 인한 사고 사망자가 없다는 점에서 신칸센은 안전성 부분에서 높은 점수를 받고 있다.

JR JAPAN RAIL 패스

JR 패스는 일본을 여행하는 외국인에게만 판매하는 특별 기획 승차권이다. 정해진 기간 내에 JR에서 운영하는 열차, 노선 버스, 여객선을 무제한 이용할 수 있다.

7일권, 14일권, 21일권이 있으며 어린이와 성인의 요금이 다르고, 특실을 사용할 수 있는 패스와 보통차만 이용할 수 있는 패스 2가지 종류가 있다. 환율에 따라 차이를 보이지만 보통차의 경우 성인 7일권이 약 30만 원 정도에서 시작한다.

세이칸터널青函トンネル

세이칸터널은 아오모리현青森県의 히가시츠가루東津軽와 홋카이도北海道의 하코다테函館를 연결하는 해저터널로 1988년에 개통되었다. 1961년부터 공사가 시작되었고 27년 만에 공사가 마무리되었다. 2016년 이전에는 세계에서 가장 긴 해저터널이었으나 2016년 스위스의 고하르트 베이스 터널이 개통되면서 세계에서 2번째로 긴 터널이 되었다. 터널의 총 길이는 53.85km이고 이 가운데 해저터널의 길이는 23.3km이다.

세토오하시瀬戸大橋

세토오하시는 세토내해瀬戸内海에 걸쳐서 혼슈本州의 오카야마현岡山県 구라시키시倉敷市와 시코쿠四国의 가가와현香川県 사카이데시坂出市를 연결하는 교량이다. 1978년에 착공하여 9년 6개월의 공사 끝에 1988년 4월 10일에 개통하였다. 세토오하시는 교량의 상부에는 4차선의 자동차도로가 있고, 하부에는 신칸센이 지나는 2층 구조이다. 다리의 길이는 약 9.3km, 고가다리를 포함하면 13km로 철도도로 병용 다리로는 세계에서 가장 긴 교량이다. 일본은 지리적 특성상 지진이 빈번하기 때문에 세토오하시 같은 대규모 건축물의 경우 내진 설계가 철저히 되어 있다. 규모 7 이상의 지진에도 충분히 견딜 수 있도록 설계되어 있다.

제2장
연중행사

01

오쇼가츠お正月

오쇼가츠는 양력 1월 1일에 도시가미年神라는 새해의 신을 맞이하는 일본의 명절이다. 도시가미는 그 해의 풍작과 가족의 건강을 지켜주는 신을 의미한다. 일본에는 음력이란 개념을 거의 사용하지 않아 한국의 설 구정과는 달리 양력 1월 1일에 명절을 지낸다. 12월 31일 자정이 지나면 가족들과 함께 신사나 절에 하츠모데初詣를 가서 한 해의 소원 등을 빌고 다양한 장식품들을 집에 장식한다. 그리고 오세치お節요리를 먹으며 가족들과 함께 시간을 보내는 일본의 큰 명절이다.

오쇼가츠 장식

가도마츠門松

새해에 문 앞에 세우는 장식물이다. 소나무와 대나무로 만들며 신이 헤매지 않고 잘 찾아올 수 있도록 하는 표시 역할을 한다고 믿는다. 크리스마스가 끝나면 새해 장식을 준비하기 시작해서 새해가 되기 이전에 장식을 마무리하는 것이 일반적이다.

시메나와注連縄

주로 짚을 꼬아 만든 끈에 종이, 하얀 천 등을 걸어 놓는다. 신사 입구나 신성한 장소에 걸어 놓아 이 장소가 신성한 장소임을 표시한다. 신성한 영역과 외부 세계세속적인 영역를 구분하는 역할을 한다.

시메카자리しめ飾り, 와카자리輪飾り

일반 가정의 경우 시메나와와 같이 큰 장식물을 설치하기 어렵기 때문에 시메카자리나 와카자리와 같이 시메나와를 간소화한 형태의 장식물을 사용한다. 와카자리는 짚을 둥글게 만든 장식물이다.

시메카자리

와카자리

오쇼가츠 음식

오세치요리おせち料理

정월에 먹는 호화로운 음식을 오세치요리라고 한다. 도시가미에게 올린 맛있고 좋은 음식을 다 같이 먹고 새해의 무병, 건강 등 여러 소원을 기원하며 먹는 요리이다. 전통적인 오세치요리는 4단이지만 요즘은 2단, 3단으로 간소화하기도 한다.

오세치요리의 구성

- 구리킨톤栗きんとん

황금색은 부를 상징하므로 돈을 많이 버는 것을 소망하며 먹는 밤 조림이다. 밤을 삶고 으깨서 연유 등을 첨가해 만드는 음식이다. 밤이 비싼 경우 고구마를 쓰기도 한다.

• 고부마키昆布巻

일본어로 고부, 또는 곤부는 다시마이다. 다시마를 의미하는 고부는 일본어에서 '기쁘다'라는 말인 '요로코부よろこぶ'와 발음이 유사하기 때문에 한 해 동안 즐거운 일이 있기를 바라며 먹는 음식이다.

• 다즈쿠리田作り

멸치 조림인 다즈쿠리는 과거 멸치를 비료로 사용해 밭에 뿌렸던 것으로부터 유래되어 오곡의 풍년을 기원하면서 먹는 음식이다.

• 도미たい

일본은 경사스러운 일이 있을 때 도미를 많이 먹는다. '메데타이めでたい'는 일본어로 '축하한다'라는 의미가 있다. 도미는 일본어로 '메데타이'의 '타이'를 쓰기 때문에 축하할 일이 있을 때 도미를 먹는다.

• 가즈노코数の子

자손 번성을 기원하며 먹는 청어알 음식이다.

가가미모치鏡餅

정월에 도시가미에게 올리는 떡이다. 크기가 다른 2개의 둥근 떡을 겹쳐 놓는 것이다. 가가미는 거울을 의미하는데 떡의 모양이 거울과 비슷하다고 생각하여 가가미모치라는 이름을 붙이게 되었다. 현대에 와서는 가가미모치를 예쁜 용기에 포장하여 판매하는 등 전통적인 의미와 현대의 방식이 잘 융합되어 전해지고 있다.

가가미비라키鏡開き

도시가미에게 올렸던 가가미모치를 대체로 1월 11일에 치우고 먹는 것을 가가미비라키라고 한다. 교토 같은 경우는 1월 4일 경에 먹고 다른 지역은 더 늦게 먹는 경우도 있어 정확히 먹는 날은 정해져 있지 않다. 가가미모치에는 신이 머물렀다고 생각하기 때문에 절대로 칼로 잘라서 먹지 않고 쪼개서 먹는 문화가 있다.

오조니お雑煮

도시가미에게 올렸던 가가미모치나 오조니 전용 떡을 채소, 닭고기, 어패류 등과 함께 끓여서 만든 음식이다. 지역에 따라 다양한 양념과 재료를 사용하기 때문에 다양한 종류의 오조니가 있다. 작년 농사의 풍요로운 수확에 감사하고 올해의 풍작과 집안의 안전을 기원하며 먹는다.

• 관동·관서풍 오조니

오조니는 대표적으로 관동 도쿄 중심풍, 관서 교토, 오사카풍으로 나누어진다. 관동풍은 쇼유 간장를 기본으로 하고, 관서풍의 경우 미소 된장를 기본으로 하는 오조니가 많다. 또한 관동풍의 경우 네모난 모양의 떡을 사용하는 경우가 많고, 관서풍의 경우 동그란 떡을 사용하는 경우가 많다.

관동풍 오조니

관서풍 오조니

오토소お屠蘇

오토소는 정월에 마시는 약주이다. 1월 1일 아침에 가족끼리 잔을 돌리면서 마시는데 한 해의 무병장수를 기원한다. 악귀를 물리치고 죽은 자를 되살아나게 한다는 의미도 포함하고 있다.

오쇼가츠 행사

하츠모데初詣

새해 첫날에 절이나 신사에 가서 참배하는 것을 하츠모데라고 한다. 과거에는 방향을 중시하여 좋은 방향에 있는 절, 신사에 가는 것을 중요시하였다. 그러나 메이지 시대 이후로는 방향과 상관없이 유명한 절이나 신사에 참배하는 것으로 정착되었다.

오미쿠지おみくじ

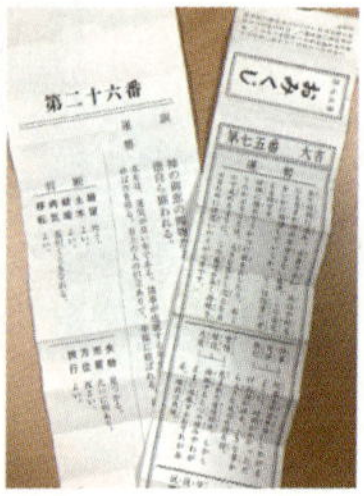

오미쿠지는 신사나 절에서 소원을 빌고 미래를 점치는 일종의 제비이다. 과거에 나라의 중대사, 후계자를 정할 때 제비를 뽑던 방식에서 유래되었다.

오마모리お守り

행운을 불러오고 액운을 쫓아낸다고 하는 일종의 부적이다. 신사나 절에서 판매한다. 교통안전, 시험합격, 무병장수, 안전출산 등의 기원하고자 구매하는 부적이다.

에마絵馬

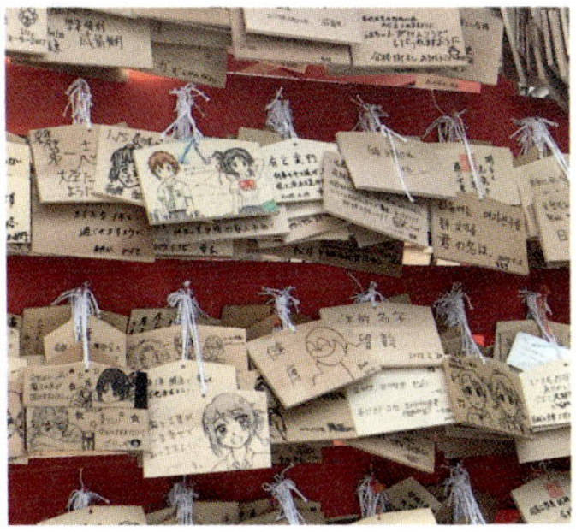

소원을 빌거나 그 소원이 이루어졌을 때 감사하는 의미로 지샤寺社, 절과 신사에 봉납하는 그림이 그려진 나무판이다. 절이나 신사에서 이 나무판을 판매하는데 여백 또는 뒷면에 기원하는 내용이나 감사하는 말을 적어서 걸어놓을 수 있도록 되어 있다.

오토시다마お年玉

신년 아침에 도시가미가 주는 선물을 의미하며 과거에는 떡 가가미모치을 주었으나 현대에 와서 용돈을 주는 것으로 바뀌었다. 한국의 세뱃돈과 유사한 문화라고 볼 수 있다.

후쿠부쿠로福袋

판매 가격보다 비교적 고가의 물건이 들어 있는 쇼핑백이다. 내용물은 확인할 수 없지만 지불하는 가격보다 높은 가치가 있는 물건이 들어 있는 경우가 많기 때문에 구매 개수에 제한이 있다. 정초에 각 백화점이나 브랜드에서 판매하며 새해에 좋은 물건을 저렴한 가격으로 구매해 한 해를 즐겁게 시작할 수 있도록 하는 행사이다. 상당히 인기 있는 행사이기 때문에 유명 백화점이나 브랜드 매장 앞에서 아침부터 줄을 서는 모습을 볼 수 있다.

02 성인식

과거에는 1월 15일이 성인의 날이었으나 매년 요일이 일정하지 않아 불편함이 있어 2000년부터는 1월 둘째 주 월요일로 변경하였다. 전국 각지의 지방자치단체에서 지역의 만 20세가 된 성인들을 초대하여 한 사람이 성인이 된 것을 축하하고 성인으로서의 책임을 자각하도록 하는 식을 거행하는 행사이다. 이 행사에서 남자들은 양복이나 하오리를 입고, 여자는 기모노의 일종인 후리소데를 입고 참석한다.

03 세츠분節分

본래 계절이 바뀌는 입춘, 입하, 입추, 입동 전 날을 세츠분이라 하여 일 년에 4번 있었는데 현재는 입춘 전날을 의미한다. 한 해 동안 무병무탈을 기원하며 가정에서 집 안팎에 볶은 콩을 뿌림으로써 병, 재해, 악귀 등을 내치는 '마메마키 豆まき'를 하는 날이다.

마메마키豆まき

"오니와소토, 후쿠와우치鬼は外、福は内!"라고 외치며 볶은 콩을 뿌려 귀신을 쫓는 행사이다. "오니와소토, 후쿠와우치!"는 "복은 안으로 악귀는 밖으로"라는 의미이다. 집안과 주변에 볶은 대두콩을 뿌리며, 뿌려진 콩을 나이만큼 주워서 먹음으로써 무병장수를 희망한다.

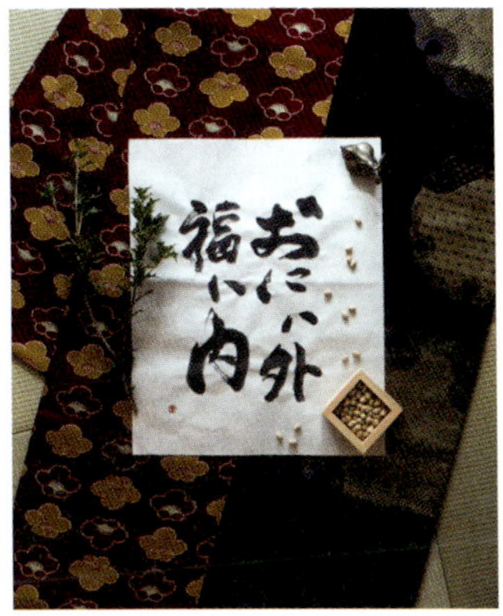

에호마키恵方巻き

에호마키는 세츠분에 먹으면 운이 좋아진다는 굵은 김밥이다. 에호는 일본어로 좋은 방향을 의미한다. 그래서 세츠분에 좋은 방향을 보며 눈을 감고 소원을 빌면서 에호마키를 먹는다. 이때 말을 하면서 먹으면 운이 달아난다고 믿기 때문에 끝까지 말을 하지 않으며 먹는다.

04

밸런타인데이

로마의 발렌티누스의 축일인 2월 14일은 여성이 남성에게 초콜릿을 선물하면서 사랑을 고백하는 날로 보급되었다. 고베 서양과자점이 1936년 2월 12일자 일본 국내 영자신문에 낸 '밸런타인 초콜릿' 광고와 1958년 이세탄 백화점에서의 '초콜릿 세일'이 밸런타인데이를 활성화한 주요 요인이 되었다.

밸런타인데이에 주는 초콜릿으로는 연인이나 배우자에게 주는 혼메이초코本命チョコ, 연인이 아닌 동료, 친구, 부모님께 드리는 기리초코義理チョコ, 여성끼리 교환하는 도모초코友チョコ, 자신을 포함해 평소 열심히 일한 사람에게 상처럼 주는 고호비초코ご褒美チョコ가 있다. 최근 일본의 밸런타인데이는 사랑을 고백하는 날에서 초콜릿의 날로 변하고 있는 추세이다.

05

히나마츠리雛祭り

히나마츠리는 3월 3일 여자아이를 축하하기 위한 날로 모모노셋쿠桃の節句라고도 한다. 집 안에 히나인형을 장식하고 세키한赤飯, 지라시즈시ちらし寿司, 대합국, 히시모치菱餅, 시로자케白酒, 히나아라레雛あられ를 먹고 여자아이의 건강한 성장을 기원하며 축하한다. 남자아이를 축하하는 날은 단고노셋쿠 端午の節句로 5월 5일이다.

히나인형雛人形

여자아이가 있는 가정에서는 히나마츠리 2, 3주 전부터 히나인형을 장식한다. 인형을 장식하는 이유는 여자아이가 건강하게 자라서 좋은 인연을 만나고 행복한 결혼 생활을 하기 바라는 마음이다. 또한 인형은 병과 재난 등을 담아서 여자아이가 그것을 피해 갈 수 있도록 하는 일종의 액막이 역할을 한다. 히나마츠리가 끝나면 히나인형은 바로 치우는 것이 관습이다. 인형을 늦게 치우면 여자아이의 결혼이 늦어진다고 믿는 속설이 있기 때문이다.

히나마츠리 음식

세키한赤飯

팥을 넣은 찰밥으로 일본에서는 주로 히나마츠리와 같은 경사스러운 날에 먹는다.

지라시즈시ちらし寿司

초밥 위에 색색의 재료를 뿌린 스시이다. 경사스러운 날에 먹는 전통적인 메뉴이며 큰 통에 요리해서 각자 덜어먹는다.

대합국はまぐりのお吸い物

대합 껍데기는 조개들 중에 특히 두 짝의 모양이 딱 들어맞는다. 어른이 되어 자신에게 잘 맞는 사람을 만나 행복하기를 기원하며 대합국을 먹는다.

히시모치菱餅

분홍, 흰색, 녹색의 삼색을 겹쳐 놓은 마름모형의 떡이다. 히나마츠리에 즐겨먹는 떡이기 때문에 2월이 되면 판매량이 높아진다.

히나아라레雛あられ

파스텔 색깔의 작은 과자로 쌀튀밥에 당밀을 묻혀서 만든 달고 부드러운 과자이다. 가격이 비싸지 않고 히나마츠리 기간에 많이 생산되어 편하게 즐겨 먹을 수 있다.

시로자케白酒

쌀, 누룩, 미림으로 만든 일본식 탁주이다. 옛날에는 마귀를 내치는 힘이 있다는 도화주복숭아 꽃술로 히나마츠리를 축하했으나 현재는 쉽게 접할 수 있는 시로자케를 마시는 경향이 있다.

나가시비나流し雛 PLUS

히나마츠리의 토대가 되었다고 전해지는 일본의 전통 행사이다. 현재는 모든 지역에서 시행되는 행사는 아니지만 아직도 일부 지역에서는 행해지고 있다. 히나인형을 강물에 떠내려 보냄으로써 몸의 부정이나 액을 떨쳐내고자 하는 의미가 있다.

하나미花見

06

하나미는 단어 그대로 꽃구경을 의미한다. 일본에서는 벚꽃을 보며 즐기는 것을 의미하며 현재는 벚꽃만을 보는 것이 아니라 벚꽃 밑에서 도시락을 먹거나 음주를 하며 봄을 만끽하는 활동을 의미한다.

일본에서는 요자쿠라夜桜를 즐기는 문화가 있다. 요자쿠라는 아름다운 야경과 조화로움을 이루고 있는 야간의 벚꽃을 즐기는 행사이다. 좋은 자리에서 야경과 벚꽃을 즐기기 위해서 하나미 기간에는 자리를 미리 맡아놓기 위해 사람들이 노력하는 모습을 볼 수 있다.

일본의 국화国花

대다수의 사람들은 일본의 국화国花를 벚꽃이나 국화菊花로 생각하지만 공식적으로는 국화国花가 정해져 있지 않다. 벚꽃을 국화国花로 생각하는 이유는 여러 지역에서 개화하며 일본인들이 좋아하는 대표적인 꽃이기 때문이다.

일본 옛말에 '꽃은 벚꽃, 사람은 무사'라는 말이 있다. 벚꽃이 망설임 없이 순간적으로 지는 것에 비유하여 어떤 일에서도 죽음을 망설이거나 두려워하지 않는 사무라이의 기질을 표현한 것이다. 일본의 대표적인 상징의 하나인 사무라이를 벚꽃에 비유할 만큼 벚꽃은 일본인들의 큰 사랑을 받는 꽃이다.

벚꽃이 대중적인 사랑을 받음에도 국화菊花를 국화国花로 주장하는 사람들이 있는 이유는 일본 왕실을 상징하는 꽃이 국화이기 때문이다. 가을에 피는 국화는 불로장수를 상징한다고 하여 벚꽃만큼이나 일본 사람들의 사랑을 받는 꽃이다.

벚꽃전선さくら前線

일본은 최남단과 최북단의 위도 차이가 큰 편이기 때문에 위쪽 지역과 아래 지역의 벚꽃 개화 시기는 두 달 정도 차이를 보인다. 그러므로 일본 일기예보에서는 벚꽃의 개화 시기를 한눈에 볼 수 있도록 개화일이 같은 지점을 선으로 이은 벚꽃전선을 예보한다. 벚꽃은 남쪽에서부터 피기 시작하여 북쪽으로 올라감에 따라 벚꽃전선이 북상하며 그 근방에 봄이 왔음을 알린다.

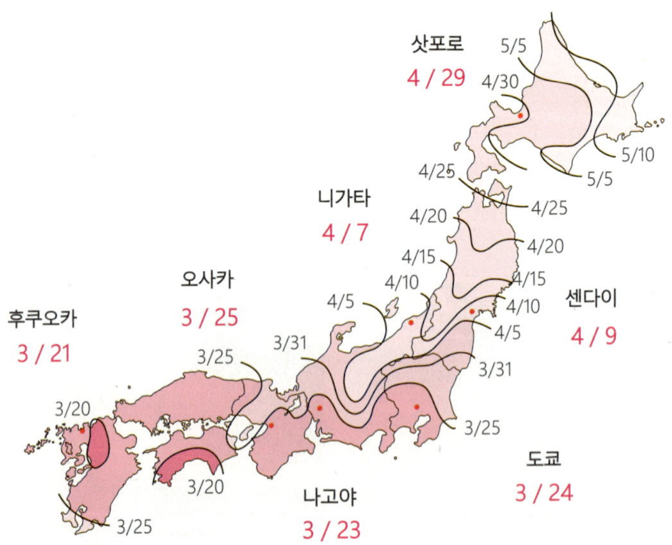

졸업식·입학식

07

일본의 입학식과 졸업식은 한국과 달리 4월과 3월에 진행된다. 입학식의 경우 4월 1일에 진행되고 졸업식은 3월에 엄숙한 분위기 속에 진행된다. 일본인들은 입학식, 졸업식을 인생의 중요한 시기로 생각해 부모들이 정장 차림으로 자녀의 입학식에 참석하기도 한다.

단고노셋쿠端午の節句

08

3월 3일 모모노셋쿠桃の節句·히나마츠리가 여자아이의 날이라면 5월 5일 단고노셋쿠는 남자아이의 날이다. 남자아이가 건강하게 자라고 입신양명하기를 바라는 연중행사로 현재 국경일인 어린이날로 지정되어 있다.

단고노셋쿠 단오의 유래

과거에 단오는 남자아이를 위한 날이 아니었다. 중국에서는 단오에 병과 액을 막고자 하는 행사를 했고, 일본 농가에서는 모내기 시기에 쑥과 창포를 지붕에 꽂거나 창포탕에 목욕을 하며 액막이를 했다. 이 두 행사가 합쳐진 것이 단고노셋쿠의 유래이다.

고이노보리鯉のぼり

단고노셋쿠 때 잉어 모양인 고이노보리는 빼놓을 수 없는 장식이다. 1~2주 전부터 집 밖에 세워 놓는다. 용문의 폭포를 끝까지 올라가 잉어가 용이 되었다는 중국의 등용문의 전설에서 유래된 문화이다. 남자아이의 건강과 입신양명을 바라며 세워 놓은 장식이다.

무사인형

히나마츠리에 히나인형이 있듯이 단고노셋쿠에는 무사인형이 있다. 과거에는 악귀나 액을 내치고자 무가武家 저택의 담이나 문에 선반을 만들어서 노보리장대의 깃발, 투구, 갑옷, 창 등을 놓는 바깥 장식이었으나 점차 투구를 쓰고 갑옷을 입은 무사인형으로 대신하게 되었다. 이 무사인형이 악귀나 액을 내친다고 믿는다.

고이노보리

무사인형

단고노셋쿠 음식

치마키ちまき

억새 잎으로 싼 찹쌀떡이다. 단고노셋쿠에 먹는 음식이며 치마키를 먹는 습관은 중국에서 유래되었다. 중국의 정치가 굴원屈原은 강에 빠져 죽었는데 이때 치마키를 강에 던져 추모하는 풍습에서 비롯되었다. 헤이안 시대 일본에 전해져 지금까지 이어져 오고 있다.

가시와모치柏餅

가시와모치는 치마키와 달리 떡갈나무 잎으로 감싼 것이며 팥소가 들어 있다. 떡갈나무는 새싹이 나올 때까지 오래된 잎이 떨어지지 않기 때문에 집안의 대가 끊어지지 않고 자손의 번영을 기원하는 마음으로 떡갈나무 잎을 사용한 가시와모치를 먹는다.

치마키

가시와모치

다나바타七夕

09

다나바타칠석는 7월 7일에 단자쿠短冊, 직사각형의 메모지를 준비하고 단자쿠에 자신의 소원을 적어 대나무 잎에 매달아 놓는 행사이다. 전국적으로 칠석 축제가 개최되면 학교, 가정, 백화점, 각종 상가 등 대나무 가지에 단자쿠 장식을 만들어 축제를 만끽한다.

다나바타의 전설

베를 짜는 솜씨가 좋았던 하늘의 신녀神女인 직녀는 부지런한 소몰이인 견우를 만나서 결혼을 하였다. 행복한 결혼 생활에 열중하느라 서로의 일을 소홀히 하여 하늘의 신이 노하였다. 그로 인해 1년에 한 번 7월 7일 칠석에만 만나는 것을 허락하였다는 전설이 내려오고 있다. 밤하늘이 맑아야 견우와 직녀가 만날 수 있기 때문에 칠석날에는 밤하늘이 맑기를 기원한다.

센다이타나바타마츠리仙台七夕祭り

센다이타나바타마츠리는 동북지방의 3개 마츠리 중 하나이다. 에도 시대 초기부터 시작되었으며 매년 8월 6일~8월 8일에 개최한다. 화려한 타나타바 장식을 보고자 세계 각국의 관광객들이 모이는 축제이다. 센다이 거리의 화려한 장식이 특징인 마츠리이다.

10 도요노우시노히土用の丑の日

도요土用란 입춘, 입하, 입추, 입동 전의 18일간을 의미한다. 현재는 일반적으로 입추 전의 18일간을 의미하며 이 기간의 우시노히丑の日, 소의 날을 도요노우시노히라고 한다. 보통 7월 28일 전후 소의 날이 도요노우시노히가 된다. 연중 유난히 무더운 시기이다. 우시노히라는 것과 연관지어 '우'자字가 들어간 우메보시매실장아찌, 우나기장어 등의 음식을 즐겨 먹는다.

도요노우시노히의 유래

도요노우시노히의 유래는 히라가 겐나이平賀源内라는 인물과 관련이 있다. 히라가 겐나이는 에도 시대 서양 학문에 조예가 깊은 작가이다. 어느 날 여름에 장어 장사가 잘 안되는 상인이 히라가 겐나이에게 어떻게 할지 질문하였는데 이때 히라가 겐나이가 '우'자가 들어간 소의 날에 '우'자가 들어간 음식인 우나기장어를 먹으면 몸에 좋다고 하여 가게 앞에 "오늘은 우시노히소의 날"라고 써 붙였다. 이것이 도요노우시노히에 장어를 먹는 유래이다.

도요노우시노히의 음식

우나주うな重

우나기 장어를 찬합에 담은 음식이다.

히츠마부시ひつまぶし

나고야의 유명한 향토 요리이다. 목각 그릇에 밥을 담고 그 위에 장어가 올려져 나온다.

우나주

히츠마부시

오추겐お中元・오세보お歳暮 11

일본에서는 신세를 진 사람이나 감사한 사람에게 선물을 보내는 관습이 있다. 회사 상사, 단골 거래처 등에 선물을 보내는데 여름에 보내는 선물을 오추겐이라고 하고 연말에 보내는 선물을 오세보라고 한다.

오추겐お中元

오추겐お中元이란 7월 15일을 의미한다. 일본에서는 과일이나 그 해 수확한 산물 등을 신과 조상에게 바치고, 친척과 지인들에게 나누던 신도 문화와 7월 15일 선조에게 공양을 올리는 중국 불교행사가 전해지면서 융합된 문화이다.

오세보お歳暮

오세보는 연말을 나타내는 말이지만 연말 선물을 의미하기도 한다. 일본 특유의 연중행사로서 연말이 되면 1년 동안 감사한 마음을 대신해서 보내는 선물이다. 이 기간에는 대형 백화점부터 소형 상점까지 대대적인 영업 활동이 펼쳐진다.

오추겐과 오세보 상품진열

오세보

오본お盆

12

8월 15일에 선조의 영혼을 기리는 일본의 명절이다. 과거 불교행사였던 우라본盂蘭盆이 일본의 신도와 결합하여 탄생한 것으로 추측된다. 과거에는 음력 7월 15일에 진행되었으나 1873년 1월 1일 양력이 도입된 후 양력 8월 15일에 진행된다. 지방에 따라 기간이 조금씩 다를 수 있으나 일반적으로 8월 15일 전후에 행사를 진행한다.

오본의 유래

오본은 불교에서 나온 말이며 일본 아스카 시대에 전래되었다. 불교에서는 8월 13일부터 15, 16일까지 부처와 승려에게 음식을 올리고 공양하며 선조의 영혼을 기린다. 선조의 영혼을 위로하고 진혼하는 불교의 구제 사상과 신도의 정령신앙이 합쳐진 행사이다.

오본의 행사

보통 8월 13일에 집 앞에 무카에비迎え火를 피워 놓고 조상의 영혼을 맞이한다. 그리고 불단 앞이나 임시 제단인 본다나盆棚를 만들어 불단에서 가져온 위패와 과일, 야채 등 계절음식을 올린다. 불을 보고 조상의 영혼이 연기를 타고 집으로 찾아와 소에 짐을 싣고 말을 타고 들어올 수 있도록, 짚으로 만든 말과 소 인형을 집 안쪽으로 향하도록 하여 매달아 두거나 세워 둔다. 14일에는 조상의 영혼을 집안에 모신 후 승려가 독경을 한다. 15, 16일엔 밤에 저승으로 돌아가는 조상의 영혼을 위해 오쿠리비送り火를 집 앞에 피워 놓고 배웅한다. 오본의 행사 중 하나로 오하카마이리お墓参り는 조상의 묘소를 찾아 성묘하는 것으로 각 가정에서 현대에도 일반적으로 행하고 있다.

무카에비迎え火

8월 13일 저녁에 저승에서 돌아오는 선조의 영혼을 맞이하기 위해 현관에 불을 피워서 선조가 길을 헤매지 않도록 하는 것이다.

본다나盆棚

위패와 음식을 올릴 제단이다.

오쿠리비送り火

8월 16일 조상의 영혼을 저승으로 돌려보내기 위해 무카에비를 피웠던 장소에서 불을 피운다. 무카에비와 오쿠리비는 현대의 각 가정에서 정식으로 행하는 경우는 드물다. 형식적인 행사는 절에서 주로 합동으로 행하고 있는 것이 현실이다.

본오도리盆踊り

오본 기간 중에 전국에서 선조의 영혼을 위로하고 대접하기 위한 행사이다. 마을 사람들이 한 장소에 모여서 유카타를 입고 야구라やぐら라는 장식물을 중심으로 춤을 추는 행사를 본오도리라고 한다.

PLUS

교토 고잔오쿠리비京都五山送り火

오쿠리비는 조상들의 영혼을 저승으로 돌려보내기 위한 것이다. 교토에서는 오쿠리비를 산에서 행하는 대행사가 있는데 이것을 교토 고잔오쿠리비라고 부른다. 5개의 산에서 오쿠리비의 의식을 행한다. 다이몬지산大文字山에 대大, 오키타산大北山에 대大, 마츠가사키산松ヶ崎山의 서쪽과 동쪽에 묘妙와 법法, 니시가모후네산西賀茂船山에 배 모양, 만다라산曼荼羅山에 도리이신사의 입구 모양의 오쿠리비를 점화하는 의식이다.

하나비花火

13

하나비불꽃놀이는 여름을 알리는 신호탄이며 일본 여름 관광의 필수적인 볼거리이다. 일반적으로 7~8월 사이에 집중되어 있는데 전국적으로 진행되는 여름 축제이다. 하나비가 열리는 날이면 수많은 사람들이 불꽃이 잘 보이는 명소를 잡기 위해 아침부터 준비한다. 초저녁부터 자리를 잡고 음식과 음료를 즐기며 불꽃놀이를 기다린다. 하나비를 더욱 즐겁게 즐기기 위해 유카타라는 일본의 전통 의상을 입는 사람들이 많이 있다. 하나비가 열리는 장소는 보통 20~30만 명, 많게는 100만 명 이상 몰리기 때문에 극도로 혼잡하다.

스미다가와 하나비대회
隅田川花火大会

시치고산七五三 14

일본의 전통 명절로 남자아이가 3살, 5살 여자아이가 3살, 7살이 되는 해의 11월 15일에 아이의 무사한 성장을 기원하고 축하하는 행사이다. 이날 부모는 아이에게 화려한 기모노를 입히고 절과 신사에서 참배하고 사진을 찍어 기념한다.

시치고산의 기원

중국은 3, 5, 7을 운기가 좋은 수로 생각하는데 그것에서 영향을 받아 3세, 5세, 7세를 기념한다. 3세에 가미오키髪置라고 하는 처음으로 머리를 기르는 의식을 한다. 5세에는 하카마기袴着라고 하며 처음으로 하카마袴라는 하의를 입는 의식을 한다. 7세에는 오비토키帯解라고 하며 츠케오비付け帯를 풀고 어른들이 매는 오비帯를 매는 의식을 한다.

치토세아메千歳飴

가늘고 긴 막대 모양의 사탕이다. 붉은색과 하얀색으로 되어 있다. 치토세아메를 아이들에게 줌으로써 아이들의 건강과 장수를 기원한다.

PLUS
오미야마이리 お宮参り

출산 후 한 달 정도가 지나면 아기를 데리고 신사에 가서 그 고장의 수호신에게 아기의 탄생을 알리고 앞으로의 건강을 기원하는 행사이다.

PLUS
오쿠이조메 お食い初め

아기가 태어나서 100일 즈음에 평생 먹는 것에 곤란함이 없기를 바라는 마음을 담아서 진행하는 행사이다. 처음으로 젓가락을 사용하여 음식을 먹이고 돌멩이를 식탁 위에 올려놓아 아기의 이가 튼튼하게 나기를 기원한다.

15

오미소카大晦日

한 해의 마지막 날인 12월 31일 섣달그믐날을 말한다. 미소카晦日는 매월 말일을 의미하는데 1년의 마지막 날은 큰 의미가 있기 때문에 오大를 붙이게 되었다. 많은 일본인들은 12월 31일 저녁에 온 가족이 TV 앞에 둘러 앉아 NHK의 홍백가합전을 시청한다.

도시코시소바年越し蕎麦

가는 해를 보내고 새로운 해를 맞이하며 먹는 국수를 도시코시소바라고 한다. 이날 국수를 먹는 이유는 가늘고 긴 국수 면발처럼 장수하며 건강하게 살기를 기원하는 의미가 담겨 있다.

제야의 종除夜の鐘

제야의 종은 12월 31일 자정 일본의 모든 절에서 108번 타종하는 행사이다. 108번을 타종하는 이유는 인간의 108번뇌가 하나씩 사라져 새로운 마음으로 새해를 맞이할 수 있다는 불교적 의미를 가지고 있다.

NHK 홍백가합전紅白歌合戦

매년 12월 31일 밤에 NHK에서 방송하는 가요 프로그램이다. 약칭은 홍백紅白, 고하쿠라고 부르며 장소는 시부야의 NHK홀이다. 가수, 스포츠 선수, 예능인 등 그해를 대표하는 인물들이 출연하여 여성은 홍팀, 남성은 백팀에 속해 경쟁하는 프로그램이다.

승패는 연예인, 스포츠 선수, 유명인 등이 참여한 게스트 심사위원과 NHK홀의 관객, 시청자 투표로 결정된다. 1951년에 방송을 시작한 이래 높은 시청률 1977년 77.7% 현재 약 50%을 유지하고 있다.

홍백가합전에는 기발하고 화려한 무대 의상과 무대 장치로 매년 화제가 되기도 한다. 일본인들은 매번 홍백가합전에서 어떤 무대를 보게 될지 관심을 가지고 있다.

제3장
의복 문화

기모노着物

01

일본의 기모노는 입다着와 물건物이 합쳐진 말로써 메이지유신 이전에는 의복을 의미하는 말이었으나 메이지유신 이후 서양 의복이 도입되면서 일본의 전통 의상和服, 와후쿠이라는 의미로 한정되었다. 길고 넓은 소매가 달려 있으며, 깃이 있고 일직선으로 된 T자 형태의 옷이다. 정장에서 평상복에 이르기까지 종류가 다양하다. 현대에는 입는 과정이 매우 복잡하고 혼자 입는 것이 어려워 입을 기회가 많지 않다.

여성 기모노의 종류

도메소데留め袖

소매 기장이 짧은 기모노이다. 주로 기혼 여성만이 입는 격조와 기품이 있는 예복이다.

도메소데의 종류로는 검은 바탕에 무늬를 넣은 구로토메소데와 여러 종류의 단색 바탕에 무늬를 넣은 이로토메소데가 있다.

후리소데振袖

미혼 여성들만이 입는 기모노이다. 우아하게 늘어진 긴 소매와 염색, 자수로 멋을 낸 화려한 무늬가 특징이다. 기모노 중 가장 아름다운 것으로 손꼽힌다. 성인식, 졸업식, 피로연 등에서 미혼 여성들이 입는 예복이다.

호몬기訪問着

방문할 때 입는 옷이라는 뜻을 가진 약식 예복이다. 결혼 여부나 나이에 상관없이 입을 수 있는 기모노이다. 신부의 친한 친구가 예복으로 입고 오거나 연회에서도 입는 예복이다.

츠케사게付け下げ

호몬기 다음가는 약식 예복이다. 호몬기에 준하는 사교복인데 입고 나가는 장소도 호몬기와 같다. 제2차세계대전 후 화려한 기모노 제작의 간략화를 위해 만들었다는 설과 전쟁 중 화려한 기모노가 금지되었기 때문에 고안되었다는 설이 있다. 근대에 제작되었으며 호몬기와는 다르게 어깨, 소매, 깃에 독립된 문양이 놓인다. 단순하고 수수한 느낌을 주는 만큼 옷감에 다양한 멋을 추구한다.

이로무지色無地

무늬가 없는 단색의 기모노로 주로 다도나 꽃꽂이할 때 많이 입는 기모노이다.

고몬小紋

자잘한 무늬라는 의미를 가진 기모노이다. 옷 전체에 작게 반복되는 무늬가 특징이며 주로 격식을 차리지 않고 외출할 때 많이 입는 의상이다.

시로무쿠白無垢

일본의 전통 혼례식에서 신부가 입는 기모노로 머리부터 발끝까지 새하얀 옷감이 특징이다. 흰 색의 옷감은 새 신부가 시가의 가풍에 잘 물들라는 의미를 가지고 있다.

고몬

시로무쿠

남성 기모노

남성 기모노는 보통 한 가지의 기본 형태이며, 주로 단조로운 색상을 가지는 것이 특징이다. 소매는 여자 기모노와 달리 밑 부분까지 기모노의 몸체에 모두 붙어 있다. 남자 기모노에는 가몬家紋이라는 집안의 문양이 새겨진다. 가몬의 개수가 격식의 수준을 결정짓는 요소이다.

몬츠키하카마紋付き袴

가몬家紋, 집안을 상징하는 문양이 다섯 개가 들어간 기모노로 최고의 격식을 갖춘 남자 의복이다. 메이지 시대 이후부터 제일의 예장으로 정해져 있다. 하오리는 겉옷을 의미하며 모두 검은색을 사용한다.

가슴과 소매 쪽에 다섯 개의 가몬이 새겨져 있어야 하며 가몬이 3개일 경우 격식의 정도가 낮아진다. 하반신에 착용하는 의상인 하카마는 세로줄 무늬를 가진 견직물이나 폴리에스테르 소재를 사용한다. 무늬가 없는 경우 약식으로 친다.

유카타浴衣

02

남녀노소의 구분 없이 여름철에 입는 평상복이다. 여름 축제 때나 목욕 후에 편하게 입는 옷이다. 온천욕 후 시원하게 입을 수 있도록 대부분의 온천에 비치되어 있는 경우가 많다. 면화나 아마포, 삼으로 만들고 안감이 없어 여름철에 시원하게 입을 수 있는 의상이다.

기모노 관련 의상과 장신구 03

하카마袴

하카마란 폭이 넓은 바지 모양의 의복이다. 남자가 입는 예장으로 생각해 왔으나 현대에 와서는 여성도 착용하는 경우가 많다. 합기도, 검도 등과 같은 운동을 할 때 하카마를 많이 착용한다.

하카마의 종류는 바지로 되어 있는 우마노리 하카마馬乗袴와 치마로 되어 있는 안돈바카마行灯袴가 있다.

하오리羽織

하오리는 엉덩이나 넓적다리까지 기장이 내려가는 기모노의 외투이다. 메이지 시대 이전에는 남자만 착용했으나 현대에 와서는 남녀 모두 착용한다. 여자의 하오리는 남자의 하오리보다 길이가 더 긴 것이 많다.

합피法被

일본 가게의 종업원들이 전통적으로 입었던 하오리이다. 현대에는 축제 때에도 많이 착용한다.

오비帯

기모노의 허리 부분을 감싸는 허리띠이다. 기모노의 꽃이라 불리며 넓은 천으로 허리를 몇 겹 두른 후 뒤쪽에 매듭을 만든다.

오비의 종류

후쿠로오비袋帯

현대의 일반적인 오비이다. 다른 오비들보다 광범위하게 사용된다.

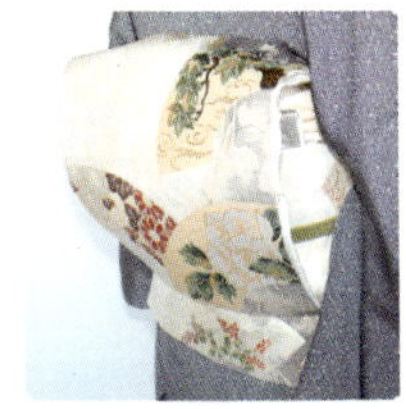

나고야오비名古屋帯

후쿠로오비가 간략화된 오비이다. 후쿠로오비보다 오비의 길이가 짧다.

마루오비丸帯

가장 격이 높은 오비로 폭이 넓은 천을 두 겹으로 접어 입는다.

헤코오비兵児帯

유카타와 같은 평상복이나 실내복에 사용하는 오비다.

가쿠오비角帯 = 오토코오비男帯

남성용 기모노에 사용하는 폭이 좁고 겹으로 된 오비이다.

한하바오비半幅帯

일반 오비를 반으로 접어 만든 폭이 좁은 오비이다. 유카타에 즐겨 사용하는 오비이며, 캐주얼한 느낌을 준다.

간자시簪

일본의 전통적인 머리 장식이다. 특히 에도 시대 후기에는 다양한 종류가 만들어졌다. 착용 방법으로 다양한 방식과 양식이 존재한다. 게이샤들도 많이 착용하는 장식인데 마이코는 게이코에 비해 화려한 간자시를 착용한다.

게다下駄

유카타를 입을 때 신는 높은 굽의 일본식 나막신으로 맨발로 착용한다.

조오리草履

기모노를 입을 때 신는 짚으로 만든 일본 전통 신발이다.

다비足袋

조오리를 신을 때 신는 면으로 만든 일본식 버선이다. 엄지발가락과 나머지 발가락 부분이 갈라져 있어 조오리를 신을 때 유용하다.

게이샤芸者 의복

04

게이샤芸者는 일본의 전통 문화를 계승하면서 연회에서 접객하는 예능인이다. 게이샤는 전통 음악 연주, 전통 무용 공연, 작시와 같은 일본 예술에 능통하다. '게이샤'라는 단어는 일본 한자로 '예술'을 뜻하는 '게이芸'와 '사람'을 뜻하는 '샤者'로 이루어져 '전통 예술인'이라는 뜻을 가지고 있다.

일본은 중세부터 근대에 걸쳐 일반적인 휴게소의 한 형태로 차야茶屋가 존재하였다. 교토의 차야는 게이샤의 접객 장소로써 활용되고 있으며 현대에 이르러서도 전통문화의 하나로 이어지고 있다.

게이코芸妓

게이샤를 부르는 다른 말로 게이코가 있다. 교토에서 만들어져 쓰이는 말이다. 교토는 역사가 깊고 영향력 있는 게이샤 전통을 가진 도시로 이곳에서 전문직 게이샤 게이코가 되기 위해 5년 이상의 수련을 한다. 게이코가 입는 기모노는 점잖은 색과 정교한 문양이 주류를 이룬다. 머리 모양을 장식하는 간자시도 품위 있고 단순하다.

마이코舞妓

마이코는 일본에서 게이샤가 되기 전 수습 과정에 있는 견습 게이샤를 의미한다. 나이는 20살 미만으로 보통 15~18살의 소녀들로 이루어져 있다. 마이코가 되기 위해서는 마이코 양성 학교에서 전문 교육을 받아야 한다. 마이코는 게이코와 달리 허리띠인 오비를 절반 정도 길게 늘어뜨려 매고 소매가 긴 후리소데를 입는다.

가몬家紋 05

가몬家紋이란 한 가문家門, 집안을 상징하는 문양이다. 헤이안 시대에 시작된 것으로 궁중의 관리, 무사들이 자신의 존재를 증명하고 집안을 상징하기 위해 사용하던 문양이다. 이런 문양이 현대에는 집안을 상징하는 문양으로 변화되었다. 그 종류가 1만 2천 개가 넘는다. 또한 집안마다 변형을 함으로써 종가宗家의 가몬을 피해 사용하는 관습이 있기 때문에 많은 수의 가몬이 만들어졌다.

가몬의 발생 시기

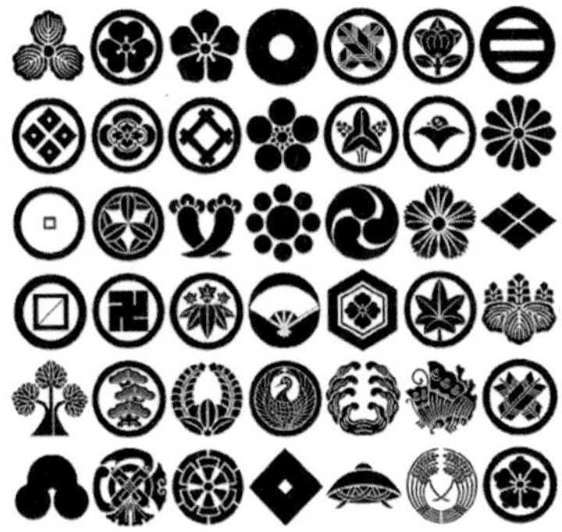

가몬의 발생은 지금부터 약 900여 년 전 헤이안 시대 후기부터 시작된다. 헤이안 시대의 귀족들 사이에 점점 퍼져 가몬을 만들어 사용하는 관습이 생겼다. 가마쿠라 시대에는 전장에서 아군과 적군을 구별하기 위해 갑옷이나 기타 착용 도구에 가몬을 새겼으며, 단결의 상징으로 깃발에 가몬을 표시하기도 하였다.

가몬의 기원

겐페이 토키츠源平藤橘라고 불리는 겐지源氏, 헤이시平氏, 후지와라시藤原氏, 다치바나시橘氏 등 강력한 씨족이 이름을 떨치고 있던 시대에 지방으로 이주한 씨족의 일부가 구성원들과 타인을 식별하기 위해 토지의 이름 등을 자신의 가명家名으로 했는데 그것이 후에 성이 되었다. 가몬家紋은 집안의 독자성을 나타내는 고유의 문양으로 탄생하였으며, 성을 나타내는 문양으로서의 성격이 강하다.

가몬의 특징

가몬은 성씨, 성씨와 관련된 것, 미적인 것, 경사스러운 것 등을 사용해서 제작한다. 가몬의 문양들은 대체로 동물, 식물, 자연을 소재로 하며 좌우대칭 구조를 이룬다. 식별하기 편하도록 뚜렷하고 둥근 모양을 하고 있는 경우가 많다. 또한 가몬은 생활 곳곳에서 활용된다. 가장 보편적인 예시는 기모노에 가몬을 새겨 넣는 것으로 '몬츠키紋付'라고 한다.

일본 왕가의 국화 문양

도요토미 히데요시의 오동나무 문양

도쿠가와 이에야스의 접시꽃 문양

제4장
음식 문화

01

일본 음식의 특징

일본에서는 요리하지 않은 요리를 가장 이상적인 요리로 생각한다. 여러 조미료, 향신료를 사용하여 복잡한 맛을 내는 것이 아니라 식재료가 가진 본연의 맛을 살리는 것을 중요시한다. 그러므로 재료의 신선도가 요리의 맛을 좌우하는 경우가 많다. 일본에서는 생선의 고유한 맛을 즐기기 위해 생선회에 간장과 와사비를 소스로 사용한다.

와사비

기본 조미료

일본의 기본 조미료는 소금, 된장, 식초이다. 에도 시대부터 간장, 설탕, 다시마, 가츠오부시가다랑어 등이 사용되었다. 그러므로 현대에 전해지는 일본 전통 요리 중에는 소금, 식초, 된장만으로 맛을 내는 요리가 많지 않은 것을 생각하면 대부분의 일본 요리는 에도 시대 이후에 탄생했음을 알 수 있다. 일본 요리에서 빼놓을 수 없는 것은 '다시だし'이다. 다시는 우려낸 국물을 의미하는데 가츠오부시, 말린 멸치, 말린 표고버섯, 다시마 등으로 우려낸 다양한 종류의 다시가 요리에 사용된다. 이 중에서 다시마를 이용한 다시를 다용도로 사용하고 있다.

가츠오부시

슌旬

슌은 일본어로 생선, 채소, 과일 등이 가장 맛이 좋은 시기의 계절을 의미한다. 일본에서는 계절의 변화를 음식으로 느낀다고 생각하여 계절마다 제철의 음식을 즐겨 먹는 것을 중요하게 생각한다. 또한 일본은 요리의 맛도 중요하지만 시각적인 부분을 중요시한다. 맛보기 전에 눈으로 즐기는 것도 음식의 중요한 부분으로 생각하여 일본 요리사는 음식을 그릇에 아름답게 담아내고자 노력한다. 그러므로 계절과 음식에 어울리는 다양한 그릇을 사용한다.

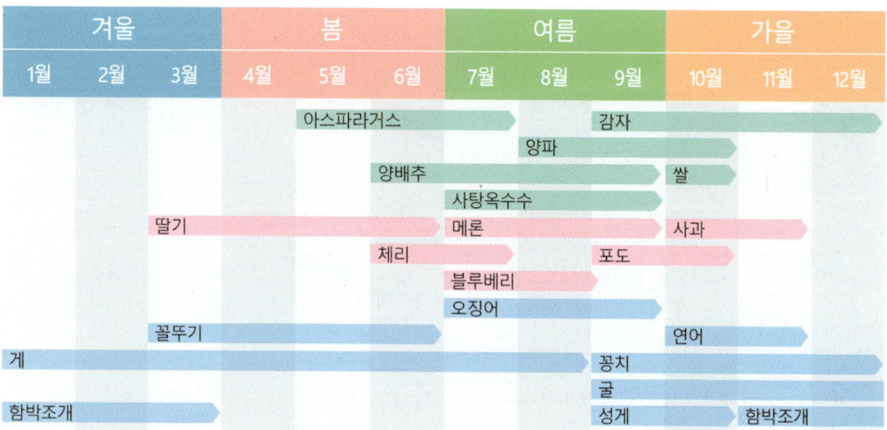

식사 예절 02

일본인들은 기본적으로 식사 전에 '잘 먹겠습니다いただきます, 이타다키마스'라는 인사말을 하고 난 뒤에 식사를 시작한다. 유일한 식사 도구는 젓가락이다. 일반적으로 나무로 된 젓가락을 주로 사용한다.

젓가락 사용 매너

젓가락 사용 매너는 한국과 유사하다. 젓가락 물고 말하기, 밥그릇 위에 젓가락 올려놓기, 젓가락 흔들기 등을 금하는 것은 한국의 예절과 유사하나 한 가지 한국과 달리 금기되는 사항이 있다. 젓가락에서 젓가락으로 음식을 주거나 받는 행위이다. 일본의 장례는 대부분 화장을 하는데 화장을 하고 난 뒤 유골을 긴 젓가락으로 옮기는 하시와타시箸渡し라는 의식이 있다. 식탁에서 젓가락끼리 음식을 옮기는 행위가 하시와타시와 유사하다고 생각하여 식탁에서 이 행위를 하는 것은 예의에 크게 어긋나는 행위이다.

젓가락으로 여기저기 옮겨 집는 것

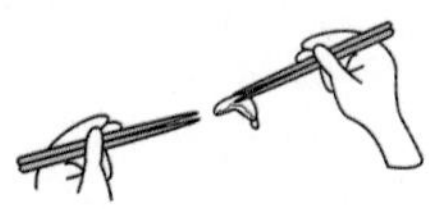

젓가락에서 젓가락으로 음식을 옮기는 것

국물을 흘리면서 먹는 것

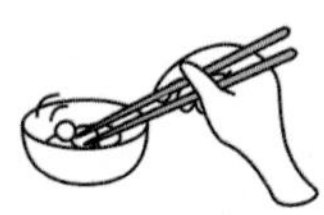

음식을 뒤적거리는 것

음식을 젓가락으로 꽂아서 먹는 것

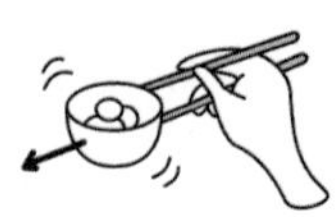

젓가락으로 그릇을 움직이는 것

식사 중에 젓가락을 입으로 빠는 행동

그릇 위에 젓가락을 걸쳐 놓는 것

입안 깊숙히 젓가락을 넣는 것

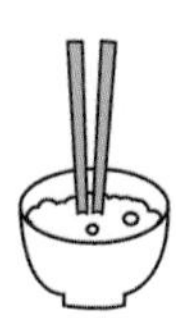

음식 중앙에 젓가락을 꽂아 세우는 것

젓가락 두는 방법

하시오키箸置き라는 젓가락 받침을 사용한다. 하시오키에 한 손으로 젓가락을 바르게 두는 것이 예절이다.

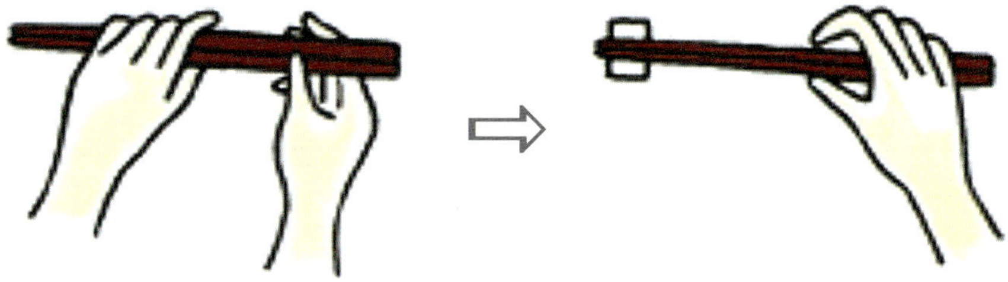

렌게蓮華

젓가락 이외에 숟가락은 양식을 먹을 때 사용하는 스푼이나 면류와 같은 음식을 먹을 때 사용하는 렌게蓮華가 있다. 그 외에는 대부분 젓가락만을 사용해서 식사한다. 일본에서는 가족이라도 각자의 젓가락을 정해 놓고 다른 사람의 식기를 사용하지 않는 것이 일반적이다. 손님이 방문하는 경우에는 따로 준비한 손님용 식기를 사용한다.

또한 밥그릇은 손에 들고 먹는 예절이 있다. 한국의 경우 밥그릇을 들고 먹는 것은 예의 바르지 않다고 생각하나 일본의 경우 밥그릇을 들고 먹지 않으면 이누구이犬食い라고 하여 예의에 어긋나는 것으로 생각한다. 각자 덜어서 먹는 일본의 식사 예절을 보면 위생적인 면을 고려하여 서로에게 영향을 주지 않으려는 개인적인 특성을 볼 수 있다.

식문화·식생활의 변화 03

식문화의 변화

일본인은 과거부터 쌀을 중심으로 한 식생활을 하였다. 또한 사면이 바다인 열도의 지리적 특성 때문에 생선과 해산물 자원이 풍부하여 주요 단백질 공급원이었다. 역사적으로 오랜 기간 동안 일본인은 쌀, 생선, 채소를 주식으로 하였고 고기를 먹는 습관은 없었다.

덴무텐노

675년 덴무텐노天武天皇, 631?~686이 불교의 가르침에 따라 육식 금지령을 내려 그 때부터 고기를 먹지 못하게 되었고, 675년부터 1872년까지 1200년 간 육식이 금지되었다. 소는 경작에 중요한 노동력이고 말은 전투에서 필수적인 동물이기 때문에 고기를 먹으면 안 된다는 생각은 일본인에게 더 뿌리 깊게 정착되었다.

에도 막부의 쇄국 정책으로 외국과의 무역이 단절되었으나 메이지 유신으로 문명개화의 시대를 맞아 서양문화가 본격적으로 생활 속에 유입되었다. 정부는 부국강병을 중요하게 생각하여 서양인보다 왜소한 일본인의 체격을 해결하고자 1872년에 육식 금지 정책을 폐지하고 육식을 적극적으로 장려하였다.

서민 육식의 시작 규나베牛鍋

정식 외교 장소에서는 프랑스 요리가 나오는 등 정부로부터 인정받은 서양요리가 빠른 속도로 국내에 유입되었다. 그러나 오랜 시간 동안 쌀, 생선, 채소로 생활한 서민들의 경우 육식을 쉽게 받아들일 수 없었다. 이 문제를 해결한 음식이 규나베 쇠고기 전골이다. 기본 양념으로 된장을 사용하고 채소와 함께 고기를 먹기 때문에 오랫동안 고기를 먹지 못한 일본인들에게 친근하게 다가갈 수 있었다. 가격 또한 서양 요리 전문점에 비해 현격히 낮았기 때문에 전국적으로 상당히 인기를 누렸다.

식생활의 변화

과거부터 일본인의 주식은 쌀이었다. 1960년대 고도의 경제성장을 겪으면서 빵, 면류 등 다양한 식생활이 형성되었다. 현재는 한국 요리, 중화 요리, 이태리 요리 등을 일본식으로 변화시켜 소비하는 등의 모습도 볼 수 있다.

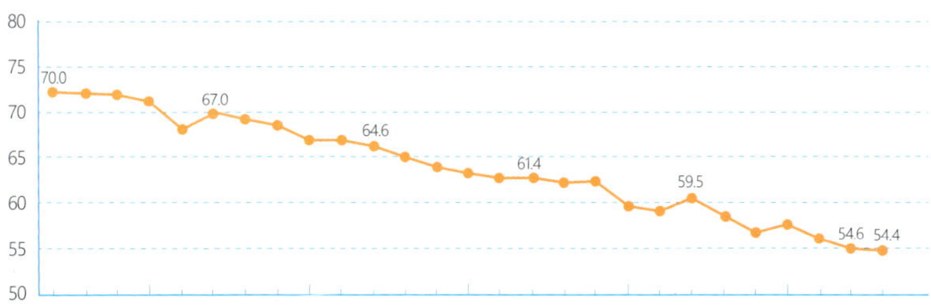

1인당 연간 쌀 소비량

빵이 일본에 들어온 시기는 1543년경이다. 포루투칼의 선박이 내항하여 철포, 기독교와 함께 빵이 들어왔으나 쌀이 주식인 일본인에게는 환대받지 못하였다. 그러나 1842년경부터 전쟁에 빵을 휴대하는 것이 쌀보다 유용하였기 때문에 비상식으로 빵을 적극적으로 소비하기 시작했다.

에도 시대에는 식사 시 남녀 동석은 하지 않고 남성의 식사를 여성이 보조하였다. 그 후 근세에도 남성과 여성의 식탁이 분리되어 있었다. 약 19세기 중반부터 현대와 비슷한 식사 형태로 변화되어 왔다.

일본 스타일로 바꾼 서양요리 04

돈카츠豚カツ

돈카츠는 프랑스 요리의 커틀릿을 일본식으로 바꾼 요리이다. 커틀릿은 송아지고기, 양고기를 사용하여 표면에 밀가루, 달걀, 빵가루 옷을 입혀 버터를 듬뿍 사용해 후라이팬에 굽는 요리이다. 일본인의 경우 버터의 사용이 부담스러워 일본 요리인 덴푸라天ぷら에서 힌트를 얻어 돼지고기를 기름에 넣어 튀겨낸 요리가 지금의 돈카츠이다.

오므라이스

오므라이스는 프랑스 요리인 오믈렛에 밥을 넣은 음식이다. 도쿄 긴자의 양식집 렌가테이煉瓦亭라는 곳에서 요리사들이 남은 식재료와 밥을 볶은 것을 계란에 덮어 먹던 것이 발전한 것이다. 이 음식이 식사 메뉴로 나오고 발전하면서 지금의 오므라이스가 되었다.

카레라이스

일본인들이 즐기는 카레는 카레의 본고장인 인도의 카레와는 조금 다르다. 인도의 카레는 푹 끓인 채소에 30여 종류가 넘는 향신료를 넣어서 만들며 묽은 것이 특징이다. 그러나 일본의 카레는 건더기가 많이 들어 있고 걸쭉한 것이 특징이다. 일본의 카레가 걸쭉한 이유는 영국식 카레로부터 영향을 받았기 때문이다. 영국에서는 스튜처럼 루를 카레에 넣어 걸쭉하게 만든다.

스시寿司

05

스시는 일본을 대표하는 음식 중 하나이다. 식초로 간을 한 밥에 생선회를 얹거나 밥 속에 재료를 넣고 김, 유부 등의 재료로 감싼 음식이다. 한국에서는 생선회를 얹은 생선 초밥이 일반적이나 일본에서는 종류가 매우 다양하다. 일본인이 스시를 즐기는 것은 사시미刺身를 즐기는 미각과 같은 것이다. 수렵 생활의 죠몬縄文문화와 벼농사가 시작된 야요이弥生 문화의 융합이라고 할 수 있다.

스시의 종류

오시즈시押し寿司

오시즈시는 용기에 눌러 만든 스시라는 뜻을 가지고 있다. 바다와 떨어져 있는 고장의 문화이다. 과거에 바다와 떨어진 교토와 같은 내륙 지방의 경우 신선한 회를 먹는 것이 어려웠기 때문에 생선을 보존해서 먹었던 요리 방식이 발전해 만들어졌다.

이나리즈시いなり寿司

이나리즈시는 간장과 설탕으로 간을 한 유부에 당근, 표고버섯 같은 재료를 섞은 밥을 넣은 유부초밥이다. 이나리신稲荷神을 모신 이나리신사稲荷神社의 상징은 여우인데 이 여우가 유부를 좋아한다는 전설에서 유래되어 이나리즈시라는 이름이 붙여졌다.

오니기리お握り

오니기리는 흔히 알고 있는 주먹밥을 의미한다. 소금에 간을 한 밥을 그대로 뭉치거나 안에 다양한 재료를 넣어 만든 음식이다. 지역에 따라 오무스비おむすび, 니기리메시握り飯라고 부른다. 오니기리의 모양은 삼각형, 쌀가마니형, 원형, 사각형 등이 있다. 안에 들어가는 재료는 매우 다양하다. 매실장아찌, 다시마, 연어, 명란 같은 전통적인 재료부터 현대에 와서는 돈가스, 참치마요네즈, 스테이크 등 독특하고 다양한 재료가 들어가기도 한다. 편리하게 먹을 수 있는 음식인 만큼 현대인들에게 인기가 많고 TV 등에서 다양한 광고를 한다.

에도마에즈시江戸前寿司

에도마에즈시는 에도 시대 말기 19세기 초에 등장했다. 야타이屋台,포장마차에서 간단한 식사로 팔던 것이 발전했다. 도쿄 만에서 잡은 신선한 생선을 조리하지 않을 채로 날것을 얇게 떠서 밥에 올린 것에서 유래되었다. 에도 도쿄의 과거 명칭에서 니기리즈시손으로 뭉친 초밥가 등장하였기 때문에 일반적으로 일본인들은 에도마에즈시와 니기리즈시를 같은 스시로 여긴다.

치라시즈시ちらし寿司

밥 위에 생선회, 연어알, 새우 등의 다양한 해산물과 달걀지단, 연근, 표고버섯, 죽순 등의 다양한 재료를 올린 음식이다. 아름나운 색깔과 형태를 가진 음식이기 때문에 3월 3일 히나마츠리나 생일 같은 경사스러운 날에 주로 먹는 초밥이다.

마키즈시巻き寿司

한국의 김밥과 비슷한 음식이다. 김 위에 초밥을 얹고 각종 재료를 넣어 만든다. 두께에 따라 종류가 구분되며 가장 얇은 것은 호소마키細巻き, 그 다음으로 추마키中巻き, 가장 두꺼운 것은 후토마키太巻き로 구분된다. 호소마키에는 주로 한 가지 재료가 들어가며 재료에 따라 이름이 달라진다.

뎃카마키鉄火巻き: 참치를 넣은 것

간표마키かんぴょう巻き: 박고지를 넣은 것

갓파마키かっぱ巻き: 오이를 넣은 것

PLUS

마구로참치의 부위

참치는 크게 오토로大とろ, 추토로中とろ, 아카미赤身로 구분하는데 각자 함유하고 있는 지방량이 달라 부드러운 식감의 차이가 난다. 오토로, 추토로, 아카미 순으로 가격이 높으나 먹는 사람의 취향에 따라 선호하는 부위는 차이가 있을 수 있다.

오토로(大とろ)

추토로(中とろ)

아카미(赤身)

회전초밥回転寿司

초밥이 있는 작은 접시를 객석에 따라 설치된 체인 컨베이어에 연속적으로 순환시켜 고객이 자유롭게 초밥을 골라 먹을 수 있도록 하는 반 셀프 서비스의 초밥 식당이다.

회전초밥의 유래

회전초밥을 처음 고안한 사람은 오사카에서 초밥집을 운영하던 시라이시 요시아키白石義明라는 인물이다. 공장 지대인 동오사카에서는 주머니 사정이 넉넉하지 않은 직공들이 주 고객이었다. 당시 초밥은 기본적으로 비싼 생선을 주재료로 하고 요리사들의 능력이 맛을 크게 좌우했기 때문에 인건비가 많이 들어가는 고가의 음식이었다. 그러던 어느 날 요시아키는 맥주 공장을 견학할 일이 생겼고 공장에서 돌아가고 있는 컨베이어 벨트를 보고 초밥집에 활용하고자 생각하였다. 그는 직접 5년 동안의 연구 끝에 초밥집에 가장 이상적인 컨베이어 벨트의 크기, 속도, 방향을 찾아냈다. 이 시스템을 오사카 만국 박람회에 출품하여 크게 주목을 받은 뒤 10여 년 만에 전국에 200개가 넘는 지점을 세우는 대성공을 거둔다.

스시쇼쿠닌寿司職人

스시쇼쿠닌은 스시 장인을 의미하는 말이다. 한 명의 스시쇼쿠닌이 되기 위해서는 일본에서 흔히 말하는 "밥 짓기 三年 니기리초밥을 만들기 八年"이라는 수행이 필요하다. 밥 짓기에 3년, 니기리에 8년이라는 적어도 10년 이상의 수행 기간이 있어야 어엿한 스시쇼쿠닌이라 불릴 수 있다.

초밥 음식점 전문 용어

밥 : 샤리しゃり

생선 : 다네, 네타たね, ねた

생강 절임 : 가리がり

같이 마시는 차 : 아가리あがり

계산 : 오아이소おあいそ

PLUS

사시미刺身를 와사비와 먹는 이유

와사비 안의 시니그린이란 성분은 회의 살균 작용을 도와주며 장염을 일으키는 균들을 제거하는 역할을 한다. 또한 와사비의 매운 맛이 회의 비린 맛을 잡아 주며 풍미를 더하기 때문에 회를 먹을 때 즐겨 먹게 되었다.

라면ラーメン

06

라면은 중국의 '납면拉麵'을 기원으로 한 면요리이다. 면, 국물, 차슈돼지고기, 파, 삶은 달걀 등 여러 토핑을 얹는 음식인데 지역과 점포에 따라 다양한 종류가 있다. 라면이라는 이름이 붙기 전에는 지나소바支那そば, 추카소바中華そば라는 명칭으로 불렸다. 1958년 사업가 안도 모모후쿠安藤百福가 개발한 인스턴트 라면이 일본 전역에서 인기를 얻으면서 '라면'이라는 이름으로 불리게 되었다.

라면의 종류

시오라면塩ラーメン

소금으로 국물 맛을 내는 라면이다. 소금이 국물의 주재료인 만큼 재료의 잡내를 제거하는 것이 쉽지 않다. 잡내를 제거하기 위해 점포마다의 노하우가 있고 잡내를 라면 특유의 맛으로 승화하고자 하는 점포도 있다.

쇼유라면醤油ラーメン

간장을 국물의 베이스로 사용한 라면이다. 후쿠시마현의 기타카타喜多方 쇼유라면이 유명하다. 돈코츠豚骨 국물을 선호하지 않는 사람들이 선호하는 일본식 라면이다.

미소라면味噌ラーメン

국물에 된장을 푼 후 따로 삶은 생면을 넣고 삶은 고명을 얹은 라면이다. 된장은 일본인에게 친숙한 양념이기 때문에 많은 사랑을 받고 있다. 다양한 종류의 된장을 사용하여 같은 미소라면이라도 다양한 국물 맛을 낸다.

돈코츠라면豚骨ラーメン

돼지뼈를 장시간 끓여 국물을 만든 라면이다. 잘 알려져 있는 일본식 라면으로 규슈의 하카타博多 돈코츠라면이 유명하다.

일본의 3대 라면

삿포로라면札幌ラーメン: 미소 된장을 베이스로 사용하는 라면

기타카타라면喜多方ラーメン: 깔끔한 간장 국물과 쫄깃한 면에 차슈, 죽순, 파 등의 재료를 얹은 라면

하카타라면博多ラーメン: 돈코츠 육수를 베이스로 한 라면

라면 박물관

면을 먹을 때 후루룩 소리를 내는 것은 맛있다는 표시이기 때문에 라면을 먹을 때는 소리를 내는 것이 식사 예절에 어긋나지 않는다. 또한 가에다마替え玉라는 추가 사리는 양이 부족할 때 주문하여 먹는 문화가 있다. 이와 같이 라면은 일본의 식문화에서 빼놓을 수 없는 음식인 만큼 일본에는 라면에 대한 다양한 정보를 모아놓은 요코하마横浜 라면박물관이 있다.

최초의 인스턴트 라면

최초의 인스턴트 라면은 1958년 8월 25일 닛신日清식품의 치킨라면이다. 라면을 보다 편리하게 먹고자 사업가 안도 모모후쿠安藤百福가 개발했으며 한큐 백화점 우메다梅田 본점에서 시식 판매를 시작으로 현재까지도 판매되고 있는 라면이다.

우동うどん

07

밀가루를 주원료로 하여 만든 통통한 면을 익힌 뒤 다양한 고명을 올려 먹는 요리이다. 지역, 먹는 방법, 곁들이는 재료 등에 따라 다양한 종류로 구분된다. 우동의 기원은 중국으로 보고 있는데 중국의 농서인 『제민요술齊民要術』 등 다양한 서적에서 우동의 기원이 중국이라는 사실을 증명해주고 있기 때문이다.

우동의 어원

아오키 마사루青木正児의 『곤동의 역사饂飩(コントン)の歴史』에 따르면 우동은 헤이안 시대에 중국으로부터 전해진 곤동이라는 음식에서 음훈을 따 '운동'이라 불리다가 오늘날에 와서 '우동'이라고 불린 것으로 전해진다.

일본 우동의 역사

일본에서 면 요리는 나라 시대奈良時代, 710~794에서 시작하였으며, 우동은 무로마치 시대室町時代, 1336~1573에 밀을 빻는 맷돌이 도입되면서 급속도로 보급되었다. 더불어 밀가루 반죽을 할 수 있는 넓은 면판, 반죽을 펴는 면대, 반죽을 써는 칼 등의 도구 사용이 정착되고 도구를 이용해 반죽을 잘라 만드는 기술이 탄생하였다.

에도 시대江戸時代, 1603~1867에는 밀과 소바そば, 메밀를 원료로 하는 각종 면이 등장했기 때문에 면 요리를 전문으로 하는 음식점이 생겨나기 시작하였다. 이런 음식점의 탄생은 우동, 소바와 같은 면 요리의 대중화에 크게 기여를 하였다.

메이지 시대明治時代, 1868~1912에 이르러서는 제면 기계가 개발되어 면의 소비가 크게 증가했고, 우동을 비롯한 면 요리가 본격적인 서민 음식으로 정착하였다. 지역별로 특색 있는 우동이 개발되었는데, 대표적인 예로는 도쿄의 '나베야키 우동鍋焼きうどん, 1인분용의 뚝배기에 만든 우동', 오사카의 '기츠네 우동きつねうどん, 유부를 얹은 우동' 등이 있다.

관동과 관서의 우동

우동의 맛과 장식은 지역에 따라 매우 다양한데 대표적으로 관동 지역과 관서 지역으로 나눌 수 있다. 관동 지역의 우동은 다시마와 가츠오부시가 들어가며 어두운 갈색의 국물이다. 우수쿠치薄口 간장을 써서 밝은 갈색을 띤 국물을 만드는 우동은 관서 지역의 우동이다. 다시마와 마른 멸치가 들어간다.

관동풍 우동

관서풍 우동

우동의 종류

기츠네 우동きつねうどん

유부를 얹은 우동이며 여우 기츠네가 유부를 좋아했던 유래로부터 기츠네라는 이름을 얻었다.

다누키 우동たぬきうどん

튀김 부스러기를 얹은 우동이다

츠키미 우동月見うどん

우동 위에 날계란을 깨 넣은 우동이다. 달을 본다는 뜻인 츠키미月見로부터 이름이 유래되었다.

가마아게 우동釜揚げうどん

삶은 우동면과 국물이 따로 나와 국물에 우동면을 담가서 먹는 우동이다.

니코미 우동煮込みうどん

국물이 끓기 시작하면 우동을 넣어 잠깐 끓이는 냄비우동이다.

히야시 우동冷しうどん

여름철에 삶은 우동을 얼음물에 넣은 뒤 찬 우동 국물에 담가먹는 우동이다.

야키 우동焼きうどん

채소, 소스 등과 함께 우동면을 프라이팬이나 철판에 볶은 우동이다.

PLUS 서서 먹는 소바, 우동점

일본의 다양한 식문화 중에는 다치구이立ち食い 라는 것이 있다. 다치구이는 서서 먹기 라는 의미를 가지고 있으며, 우동과 소바, 오뎅과 라면 등도 다치구이를 하는 점포가 있다. 에도 시대에 밥 먹는 시간을 아끼고자 시작된 식문화로 현대까지 이어지고 있다.

PLUS 사누키 우동讃岐うどん

우동으로 가장 유명한 지역은 일본 시코쿠四国 가가와현香川県의 우동이다. 가장 대중적인 우동인 사누키 우동을 만드는 곳이다. 가가와의 옛 지명이 사누키였기 때문이 사누키 우동이라고 불린다. 굵고 매끈한 면발로 유명하며 국물보다 면발의 맛이 중요시 된다.

도시락お弁当

08

에키벤駅弁

에키벤은 일본의 철도역에서 파는 도시락을 말한다. 에키벤토駅弁当 또는 에키우리벤토駅売り弁当를 줄여서 발음한 것이다. 일본 에키벤의 기원은 1885년 7월 16일 일본철도 우츠노미아宇都宮역에서 니기리메시握り飯, 주먹밥와 츠케모노漬物, 절인 음식를 대나무 잎에 싸서 팔았던 것이 최초이다. 이 날을 기념하고자 7월 16일은 에키벤기념일이 되었다. 그 이후 1993년 4월 10일에 새롭게 에키벤의 날이 정해졌다. 4월 10일의 4와 十을 합치면 벤토의 벤弁이란 문자와 유사하여 4월 10일이 에키벤의 날이 되었다.

마쿠노우치벤토幕の内弁当

일본 에도 시대에 탄생한 도시락이다. 에도 시대의 문화인 가부키 공연은 막이라는 단위로 나누어져 진행되는데 1막, 2막 등 막 사이에 먹는 도시락을 마쿠노우치벤토라고 한다. 에도 시대부터 시작하여 현재까지도 이어지고 있으며 많은 인기를 누리고 있는 도시락이다.

도게노카마메시峠の釜めし

초벌 구이 토기 솥에 여러 재료를 사용해서 만든 영양 솥밥이다. 고갯마루 솥밥으로 해석할 수 있다.

소라벤空弁

하늘에서 먹는 도시락으로 기내식을 의미한다.

제5장
주거 문화

01 기후와 지형에 따른 주거의 특징

여름형 주거

일본은 열도라는 지역적 특성상 여름에 습기가 많고 덥다. 그러므로 여름이 무더운 지역에는 창이 많고 지붕이 높은 주거 특성을 가지고 있다. 또한 건축물이 지반과 떨어져 있는 건축 양식이나 쇼지障子, 후스마襖와 같은 문의 형태를 사용하여 습기로부터 보호한다.

지진을 대비한 주거

일본은 지진이 매우 잦은 나라이다. 따라서 일본의 건축물들은 모두 내진 설계가 요구된다. 높은 건물은 지양하고 지진에 잘 버티는 합성 재료와 목재를 사용한 낮은 건물을 선호한다. 다만 목조 건물은 화재에 취약하다는 단점이 있다.

비를 대비한 주거

지역에 따라 다우多雨, 다설多雪을 대비해야 하는 곳이 있다. 이런 지역의 경우 지붕의 경사가 있고 좁은 툇마루의 형태를 띠고 있다. 집 바깥쪽은 아마도雨戸라는 덧문을 사용하여 다우, 다설에 대비할 수 있다.

주거의 종류

02

단독주택一戸建て

독립된 가옥으로 단층집이나 이층집이 많으며 건축 자재로는 대부분 목조나 콘크리트를 사용한다. 일본은 주택을 건축할 때 토지 활용도를 중시하여 단층집보다는 이층집 구조를 선택하는 경향이 있다. 단독주택은 아파트, 맨션에 비해 건축물의 높이가 낮기 때문에 비교적 지진에 강한 면모를 보여준다.

아파트アパート

일본의 아파트는 한국의 아파트와 달리 고층이 아니다. 한국에서 말하는 빌라, 연립 주택이 일본의 아파트와 유사하다. 대부분 목재나 경량의 철골로 지어진 구조이며 건축 비용이 맨션에 비해 저렴하다. 건축 비용이 저렴한 만큼 월세와 매매 가격 또한 저렴하다는 장점이 있다.

맨션マンション

일본에서 말하는 맨션은 철근과 콘크리트로 지어진 튼튼한 구조의 고층 건축물이다. 한국의 고층 아파트와 유사하다. 고층의 건물인 만큼 내진 설계를 철저하게 하고 아파트보다 방음과 방한이 뛰어나다. 기능적으로 아파트보다 뛰어난 만큼 가격적인 측면에서 비싼 편이다.

주거의 구조

03

다다미たたみ

짚을 실로 엮어 두께 약 5.5cm의 매트 모양으로 만든 후 등심초를 엮은 것이다. 일본의 전통적인 방바닥 양식이다.

조 畳, じょう : 다다미를 세는 단위
1조 : 다다미 1장 180cm × 90cm

도코노마床の間

일본 고유의 건축 양식 문화인 도코노마는 방에 한 공간을 마련해 인형, 장식품, 꽃꽂이, 족자 등을 장식하는 공간으로 사용하는 장소이다. 벽 쪽으로 움푹 들어가 있으며 바닥이 방바닥보다 위로 올라가 있다. 손님이 오면 도코노마를 등지고 앉게 해주는 것이 최고의 대접인데 이는 도코노마와 가까운 자리가 상석이기 때문이다. 무로마치 시대에 생긴 것으로 추측되고 있으며, 각 가정의 부를 상징하는 용도로 이용되기도 한다.

오시이레押入れ

일본 전통 건축 양식의 하나인 오시이레는 다다미방 한 면에 붙어 있는 붙박이 벽장이다. 미닫이문으로 되어 있는 경우가 대부분이다.

쇼지障子·후스마襖

쇼지는 격자로 된 나무틀에 일본의 전통 종이를 발라서 만든 미닫이 문이다. 후스마는 가느다란 나무틀을 짜서 양면에 두껍고 튼튼한 종이나 헝겊을 바른 문이다. 쇼지는 빛이 통하지만 후스마는 빛을 차단한다는 점에서 큰 차이가 있다.

쇼지

후스마

가미다나神棚

가미다나는 집 안에 신을 모시는 제단이다. 집 안에 모셔 두고 공양하여 가내 안전과 가업 번창, 가족의 건강 등을 기원한다.

부츠단仏壇

가미다나와 같이 집안에 놓는 제단이다. 가미다나는 신을 모시는 제단인 반면 부츠단은 불상과 선조의 위패, 사진 등을 모셔 두고 조상을 공양하기 위한 제단이다.

고타츠こたつ

상 밑에 방열 기구를 넣고 그 위에 이불을 덮은 형태의 가구이다. 일본의 전통적인 겨울철 난방 기구이다.

이로리囲炉裏

방바닥이나 마룻바닥을 네모나게 파내고 그 가운데 난방과 취사용으로 화로를 놓은 것이다. 현대 도심 주택에는 거의 존재하지 않으나 지방의 개인 주택의 경우 화로를 열고 닫을 수 있게 개량하여 사용하는 경우가 있다.

주거에 관한 관습 및 예절 04

일본의 주거 관련 관습 및 예절로는 크게 3가지가 있다. 첫 번째, 현관을 들어서면서 벗은 신발은 발끝이 나란하게 입구 쪽을 향하게 해야 한다. 두 번째, 일본식 방에서는 도코노마 앞이 상석이기 때문에 아무 곳에나 앉지 말고 안내 받을 때까지 기다린다. 세 번째, 일본은 목욕물을 한 번 데워 온 가족이 순서대로 쓰기 때문에 탕 안에서 때를 민다거나 목욕물을 버리면 안 된다.

목욕 문화

05

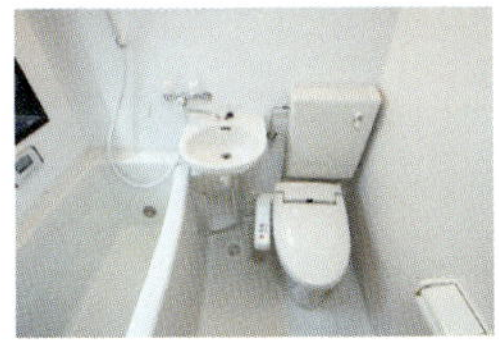

일본의 주택은 일반적으로 화장실과 욕실이 분리되어 있는 것이 전통적이다. 다만 좁은 원룸의 경우 유닛배스ユニットバス라고 하여 화장실과 욕실이 일체형인 경우가 있다.

일본의 대중 욕탕

일본의 대중 욕탕은 센토銭湯라고 부르며 자연을 느끼며 목욕할 수 있도록 벽면에 후지산이 그려져 있는 경우가 많다. 과거에는 남탕과 여탕이 동시에 보이는 반다이番台라는 관리 감독 좌석이 있었다. 반다이에서는 남탕과 여탕의 감독을 하며 동시에 물품 계산 및 여러 사항을 해결해야 하는 사람이 착석해 있었다.

유탄포湯たんぽ PLUS

더운물을 넣은 용기에 커버를 씌워 사용하는 온수 손난로이다. 잠을 잘 때 이불 속에 넣어 발이나 몸을 데우는 용도로 사용하는 도구이다. 최신 난로들에 비하여 활용성과 편리성 면에서 떨어져 거의 사용하지 않았으나 최근 에너지 절약, 친환경 에너지에 대한 관심이 높아지면서 친환경 난방 기구로 다시 주목받고 있다.

Japan
福

제6장
국경일

국민축일国民の祝日

01

일본은 국경일을 국민의 축일国民の祝日이라고 한다. 제정된 공식 공휴일은 16일이고 모두 양력의 형태로 지정되어 있다. 토요일이나 일요일이 축일에 해당할 경우 다음 주 월요일을 쉬는 대체 휴일 제도가 있다.

오쇼가츠お正月, 1월 1일

양력 1월 1일을 기념하는 일본의 설날이다. 한국과 달리 음력을 세지 않고 양력으로 1월 1일을 기념한다. [제2장 1 참조]

건국기념일建國記念日, 2월 11일

일본 신화에 등장하는 일본을 건국한 진무텐노神武天皇의 즉위를 기념한 날이다. 즉위한 날은 음력 1월 1일이므로 양력으로 환산하여 2월 11일로 1967년에 제정하였다.

춘분의 날春分の日, 3월 21일경

1948년 공포, 시행된 공휴일에 관한 법률에 의해 제정되었다. 이 법에서는 '자연을 찬양하고, 생물을 소중히 여기는 것'을 취지로 하여 춘분의 날을 국민축일로 지정하였다. 불교문화에 영향을 받아 이 날은 조상을 기린다.

쇼와의 날昭和の日, 4월 29일

2007년부터 시행된 쇼와텐노昭和天皇의 생일을 기념하는 날이다. '격동의 나날을 거쳐 부흥을 이룬 쇼와 시대1926~1989를 돌이켜 나라의 장래를 생각하자'는 취지로 제정되었다. 하지만 쇼와 시대의 전쟁에 대한 책임을 이유로 쇼와의 날을 국민축일로 하는 것에 대한 시위가 있다.

헌법기념일憲法記念日, 5월 3일

제2차 세계대전 종전 후 1947년 5월 3일에 일본의 헌법이 시행된 것을 기념하는 날이다. 1948년에 제정되었다.

녹색의 날みどりの日, 5월 4일

'자연을 아끼면서 그 은혜에 감사하고 풍부한 마음을 기른다'는 취지로 제정된 날이다. 1989부터 2006년까지 4월29일이 녹색의 날이었으나 2005년 축일법 개정으로 2007년부터 5월 4일로 변경되었다.

어린이날こどもの日, 5월 5일

어린이의 인격을 존중하고 어린이의 행복을 기원하며 또한 부모에게 감사하는 것을 목표로 하는 날이다. 단고노셋쿠端午の節句라고도 한다.[제2장 8 참조]

바다의 날海の日, 7월 셋째 주 월요일

1995년에 제정된 일본의 국민축일이다. '바다의 은혜에 감사함과 동시에 해양국 일본의 번영을 기원한다'는 의미를 가진 날이다. 2004년부터 축일법 개정을 통해 7월 셋째 주 월요일로 변경되었다.

산의 날山の日, 8월 11일

2014년 이전에 일본의 국민축일은 총 15일이었다. 2014년에 산의 날이 제정되면서 일본의 국민축일은 총 16일이 되었다. 2016년부터 시행된 일본의 국민축일이며 '산과 친해지는 기회를 가지며 산의 은혜에 감사한다'는 뜻을 가진 기념일이다.

경로의 날敬老の日, 9월 셋째 주 월요일

'오랜 세월에 걸쳐 사회에 힘쓴 노인을 경애하고 장수를 바란다'는 의미를 가진 국민축일이다. 과거에는 9월 15일이었으나 축일법 개정으로 인해 9월 셋째 주 월요일로 변경되었다.

추분의 날秋分の日, 9월 23일 경

1948년에 공포, 시행된 국민축일에 관한 법률로 제정되었다. '조상을 존경하고 망자들을 그린다'는 의미를 가진 국민축일이다. 입춘의 날과 같이 정확한 날짜가 정해져 있지 않으며 불교문화가 융합된 국민축일이다.

체육의 날体育の日, 10월 둘째 주 월요일

1964년 도쿄올림픽을 기념하여 제정된 국민축일이다. '스포츠를 통해 건강한 심신을 기른다' 는 의미를 가지고 있다. 이 기념일에는 많은 장소에서 체육 시설을 개방하거나 각종 체육 관련 행사가 진행된다.

문화의 날文化の日, 11월 3일

과거에는 메이지텐노明治天皇의 생일을 기념하기 위한 날이었으나 현대에 와서는 문화 발전 공로자에게 문화훈장을 수여하는 날로 바뀌었다. '자유와 평화를 사랑하고 문화를 추진한다' 는 의미를 가진 국민축일이다.

근로감사의 날勤労感謝の日, 11월 23일

근로감사의 날은 1948년에 공포, 시행된 국민축일에 관한 법률로 제정된 국민축일이다. '근로를 존중하고 생산을 축하하며 국민 서로 서로에게 감사한다' 는 의미를 가지고 있다.

텐노 탄생일天皇誕生日, 2월 23일

텐노일왕의 생일을 기념하기 위한 날이다. 텐노가 새로 즉위할 때마다 바뀌는 날이다. 2019년부터 아키히토텐노明仁天皇의 생일인 12월 23일은 평일이 된다. 2019년 5월 1일 나루히토텐노德仁天皇가 즉위함에 따라 2020년부터 2월 23일이 국민축일이다.

일본은 연호元号를 사용하는 국가이다. 연호는 연대年代를 칭하는 명칭이며 텐노가 바뀜에 따라 연호가 바뀐다.

메이지(明治)	1868년~
다이쇼(大正)	1912년~
쇼와(昭和)	1926년~
헤이세이(平成)	1989년~
레이와(令和)	2019년~

골든 위크

02

4월 말에서 5월 초 사이에 국민축일이 많이 집중된 기간을 골든 위크라고 한다. 쇼와의 날, 헌법기념일, 녹색의 날, 어린이 날이 있어 중간에 휴가를 사용하면 7~10일 정도를 쉴 수 있는 대형 연휴이다.

2019년 5월 1일은 나루히토텐노의 즉위식으로
연휴가 일시적으로 증가

해피 먼데이 제도

해피 먼데이 제도는 성인의 날, 바다의 날, 경로의 날, 체육의 날 4개의 공휴일이 구체적인 날짜 대신 X월 X번째 월요일로 변경하는 것을 말한다. 이 제도에 의해서 1년에 4번은 공식적인 토, 일, 월 3일 연휴가 생기게 된다. 오랜 경기 침체로 고심한 일본 정부가 연휴를 늘려 국민의 노동 시간을 줄임으로써 소비를 활성화시키려는 경기 부양책으로 제정하였다.

일본 공휴일 제도 개혁 '해피먼데이'

공휴일	원래 날짜	변경된 해피먼데이
성인의 날	1월 15일	1월 둘째 월요일
바다의 날	7월 20일	7월 셋째 월요일
경로의 날	9월 15일	9월 셋째 월요일
체육의 날	10월 10일	10월 둘째 월요일

제2의 골든 위크

9월 15일이었던 경로의 날이 해피 먼데이 제도에 의해 9월 3번째 월요일로 바뀜으로써 9월 20일, 21일이 경로의 날이 되는 경우가 생겼다. 추분의 날이 9월 23일경이기 때문에 특정 해에는 5일 연휴가 생겨 이 시기를 제 2의 골든 위크 또는 실버 위크라고 부르게 되었다.

東都名所
日本橋真景
魚市全圖

제7장
에도 문화

가부키歌舞伎

01

가부키는 에도 시대 서민 중심의 예능으로 시작하여 현재까지 약 400년의 전통을 이어오고 있는 에도 시대 최고의 대중 오락이라고 할 수 있다. 음악과 춤이 중심인 일종의 무용극으로서 모든 출연자는 남성이다. 노와 달리 여성 역을 맡은 배우는 여성적 발성을 사용한다. 일본의 주요 무형 문화재이며 유네스코 지정 세계 무형 유산이다. 1603년 오쿠니阿国라는 여성이 교토에서 넨부츠오도리念佛踊, 염불춤를 한 것에서 유래되었다. 여성 가부키는 큰 인기를 얻었지만 풍기 문란을 사유로 상연을 금지당했고, 그 이후 여러 형태를 거쳐 여장한 남성이 연극을 하는 형식으로 변화하였다.

가부키의 역사

온나가부키女歌舞伎

가부키의 시작은 무녀巫女인 오쿠니가 1603년 신사에서 모금을 위해 넨부츠오도리를 추는 것이 흥행하면서 인기의 대상이 되었다. 이를 모방한 여성 중심의 극단이 많이 등장하였으나 매춘을 겸하는 등 풍기 문란 관련 문제가 발생하여 1629년 가부키 금지령이 내려졌다.

와카슈가부키若衆歌舞伎

여자 배우 대신에 남자 배우만 무대에 서는 조건으로 금지령이 철폐되었고, 여자 역할은 미소년이 대신하게 되었다. 그러나 소년 가부키단의 내부 문제와 함께 귀족 부인들과의 불륜 관계, 미소년들이 남색의 대상이 되는 등의 문제가 동시다발적으로 발생하여 1652년 전면적인 가부키 공연금지령이 내려졌다.

야로가부키野郎歌舞伎

1653년 미소년, 여성 등 여러 문제점들을 배제하는 조건하에 가부키가 다시 허가되었다. 노래와 무용보다는 대사와 연기에 중점을 둔 연극으로 재출발한 것이 야로가부키이며 이것이 현대의 가부키이다.

가부키의 종류

시대물時代物

극의 주제는 무사 사회에 일어난 역사적인 사건, 설화 등이다. 에도 시대보다 이전인 헤이안 시대부터 전국 시대에 걸친 시대를 배경으로 하고 있다.

세화물世話物

에도 시대의 세태, 인정, 풍습 등을 배경으로 서민의 일상을 주요 소재로 한 작품이다. 살인, 방화, 동반 자살 등의 내용을 중심적으로 다룬다.

가부키의 음악

가부키 음악은 게자下座 음악과 무대 음악이 융합되어 있다. 게자 음악은 무대를 향해 왼쪽에 칸막이를 한 내부에서 연주한다. 가부키의 연출과 연기에 있어서 반드시 필요한 배경 음악과 분위기를 돋우는 효과 음악을 모두 게자 음악이 담당하고 있으며 주요 악기로는 큰북, 피리, 소고, 퉁소 등이 있다. 무대 음악은 무대의 일정한 장소에서 연주자가 모습을 드러내고 노래와 연주하는 것을 의미한다.

무대장치

하나미치花道 ①

등장인물이 객석을 가로질러 등장, 퇴장하는 무대의 일부이다. 무대 왼쪽에 위치하고 작품에 따라 오른쪽에 임시로 설치하는 경우가 있다. 이것을 가리하나미치仮花道⑨라고 한다. 일반적인 무대처럼 본 무대의 좌우로 등장, 퇴장하는 것도 물론 가능하지만 더 드라마틱한 등퇴장이 요구되는 장면에서 하나미치를 사용한다.

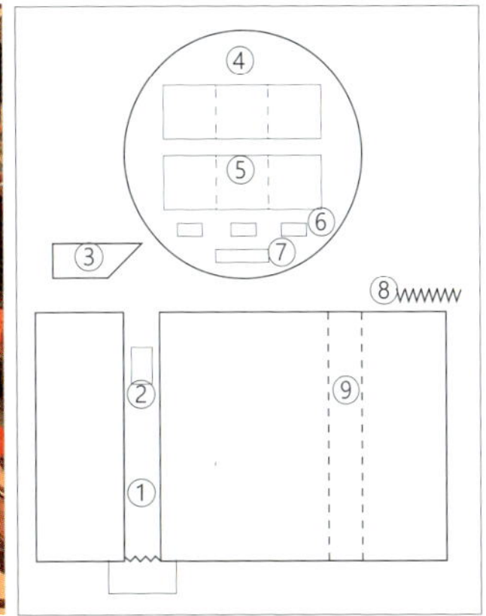

가부키 무대

숫폰すっぽん ②

숫폰에서 등장, 퇴장하는 인물은 보통 인간 역할이 아니고 대체로 유령이나 요괴이다.

세리せり ②③⑤⑥⑦

세리는 무대에 사각으로 구멍을 뚫어서 인물들이 수직 상승, 하강하면서 등장과 퇴장을 할 수 있게 해 놓은 엘리베이터 같은 장치이다.

마와리 부타이回り舞台 ④

회전 무대를 의미한다.

조시키마쿠定式幕 ⑧

검은색, 초록색, 주황색 등 삼색의 천으로 만들어진 무대의 막이다.

특수 연출

구마도리隈取り는 가부키 고유의 양식미를 표현하는 배우의 얼굴 분장법이다. 하얀 분을 바른 얼굴에 손가락 끝을 사용하여 빨간색, 파란색의 유성 염료로 선을 긋는 특징이 있다. 씩씩하고 선량한 사람은 붉은색을 쓰고 악인이나 유령은 푸른색을 쓰는 것이 일반적이다.

가부키좌歌舞伎座

가부키좌는 도쿄 긴자銀座에 있는 극장이다. 1889년에 건축되었으며 연중 가부키 공연을 하는 극장으로 2002년에 유형 문화재로 등록되었다.

가부키 용어

- **니마이메二枚目**

가부키에서 주로 잘생긴 미남자 역을 말하고 현대에는 미남을 나타내는 말로 사용한다.

- **삼마이메三枚目**

주로 익살스러운 연기를 하는 사람이나 남자 조연을 말하고 현대에는 유머가 있는 사람을 표현할 때 사용한다.

- **주하치방十八番**

가부키 배우 이치가와 집안에 대대로 내려오는 인기 있는 연기 18가지를 말하고, 현대에는 가장 잘하는 것이라는 의미로 사용된다.

다카라즈카宝塚 PLUS

여성으로만 구성된 일본의 가극단이다. 한큐 전철의 창립자인 고바야시 이치조小林一三가 1913년에 설립한 '다카라즈카 창가대宝塚唱歌隊'가 시초이며 1940년 현재의 명칭으로 바뀌었다.

다카라즈카 가극단의 공연은 효고현兵庫県 다카라즈카시宝塚市에 있는 다카라즈카 대극장, 도쿄 치요다구千代田区에 있는 도쿄 다카라즈카 극장에서 주로 열린다. 무대에 출연하는 배우는 예외 없이 다카라즈카 음악 학교의 학생과 졸업생으로 구성되어 있으며, 배우 모두 여성인 것이 가장 대표적인 특징이다.

다카라즈카 창가대

전통 예능

02

노能

일본에서 가장 오래된 연극이다. 나라 시대奈良時代에 중국에서 유래되었으며, 초기에는 종교적 기원의 의미를 담고 있었다. 민간에 널리 알려진 일본 전통 가면무도극의 한 장르이다.

노의 무대

배경으로 소나무 한 그루만이 장식되어 있는 것이 노 무대의 특징이다.

노의 역사 및 특징

초기에는 신을 즐겁게 하는 공양물로써 노래와 춤이 독자적으로 발전을 거듭했으나 가마쿠라 시대 후반에 노의 원형이 탄생하였다. 가부키와 다르게 노는 귀족이 주된 관객이었던 역사적 특징이 있다. 근세에 이르러서야 에도막부의 의전 행사용 예능으로써 귀족이 아닌 사람들에게도 상연되기 시작했다.

출연자는 모두 남성이며 가부키와 달리 여성 역을 맡은 배우들은 여성의 목소리를 내지 않는다. 음악에 맞추어 영혼의 세계를 넘나들며 인간의 고뇌와 이상을 연기하는 것이 특징이며 배우의 동작이 매우 정적이고 온화하다. 또한 노멘能面 또는 오모테面라고 부르는 가면을 사용하는 것이 대표적인 특징이다.

노의 가면

온나멘 女面 - 여성 가면

좌부터, 고오모테小面: 젊은 여성, 로조老女: 나이든 여성, 만비万媚: 젊은 여성의 농염함을 표현, 조노온나増女: 여신과 선녀의 역할 담당, 후카이深井: 인생 경험이 풍부하고 근심 걱정이 있는 중년 여성의 가면

오토코멘 男面 - 남성 가면

추조中将: 얼굴색이 하얀 귀공자의 영혼을 표현한 가면, 헤이타平太: 늠름한 중년 무사의 영혼을 표현한 가면, 갓시키喝食: 식당에서 일하는 미소년의 역할을 담당하는 가면

추조(中将) 헤이타(平太) 갓시키(喝食)

기멘 鬼面 - 귀신 가면

한냐般若: 질투, 괴로움, 분노를 표현하는 귀신 가면, 야세오토코痩男 베시미べし見: 지옥의 고통 속에서 괴로워하는 표정의 가면, 오베시미大べし見와 고베시미小べし見: 오베시미는 덴구의 가면 고베시미는 인간을 도와주는 귀신 가면

한냐(般若) 오베시미(大べし見) 고베시미(小べし見)

교겐狂言

일본 중세부터 시작된 대표적인 연극으로 노, 분라쿠, 가부키와 더불어 일본의 4대 고전 연극이다. 4대 고전 연극 중 유일하게 웃음을 선사하는 희극이다. 교겐이란 우스꽝스러운 말, 신소리, 실없는 익살, 농담 같은 뜻으로 사용되어 왔으며 현실 사회의 사람들이 등장인물이고 본 모습 그대로 무대에 서는 것이 일반적이다.

교겐은 경사스러운 분위기와 풍자적 요소를 가지고 있고 대사와 대화로 진행되는 특징이 있다. 제일 먼저 등장인물들이 자기 이름을 말하는 것으로 시작해서 대사를 크고 명확하게 발음한다. 미묘한 인간의 심리를 묘사하는 연기를 주로 구사한다. 그러므로 목소리를 높여 울고 웃는 연기, 위협하고 구애하며 추태를 부리는 연기 등을 자주 볼 수 있다.

분라쿠文楽

일본이 세계적으로 자랑하는 전통 무대 예술이며 서민도 즐겼던 인형극이다. 노, 가부키와 함께 일본의 3대 주요 전통극 중 하나이다. 에도 시대에 발생되어 메이지 시대 이전까지는 닌교조루리人形浄瑠璃라고 했는데 에도 말기에 분라쿠좌文楽座라는 극단이 크게 흥행에 성공하면서 분라쿠라고 불리게 되었다.

분라쿠의 인형

분라쿠의 인형은 머리와 몸통이 분리되어 있으며, 인형의 머리는 오동나무나 노송나무로 만들고 속은 비어 있다. 인형의 머릿속은 표정을 변화시키기 위한 장치가 설치되어 있어 턱이나 눈썹을 움직임으로써 다양한 표현을 연출할 수 있다.

공연에 쓰이는 인형은 1m~1.5m의 크기이다. 무거운 것은 10kg이나 된다. 각 인형은 세 사람이 머리, 다리, 손 등을 분담하여 조종함으로써 마치 살아있는 것처럼 정교하게 움직이도록 한다.

분라쿠의 역사

인형만을 가지고 하는 연극인 12세기의 인형극과 가락을 붙여 악기에 맞추어 노래하고 줄거리를 가지는 15세기의 음악 조루리浄瑠璃가 합쳐져 닌교조루리人形浄瑠璃가 탄생했고, 후에 분라쿠라고 불리게 되었다.

분라쿠의 구성

분라쿠는 극을 진행하는 타유太夫, 곡을 연주하는 샤미센三味線, 인형으로 구성되어 있다. 타유는 조루리 이야기꾼이고 1인 다역을 하며 풍경 묘사를 한다. 샤미센은 정자세로 앉아서 무릎을 약간 벌리고 엉덩이를 완전히 땅에 댄 자세에서 연주한다.

마지막으로 인형을 조종하는 인형사가 있다. 과거에는 인형사가 1명이었으나 1734년 3인 조종술이 고안된 후 현대에는 3인 조종이 일반적이며, 이것을 산닌즈카이三人遣い라고 부른다. 조종사는 검은색 옷을 입어 인형이 더욱 부각될 수 있도록 한다. 오모즈카이主遣い가 목, 오른손을 맡고 히다리즈카이左遣い가 왼팔을 맡으며, 아시즈카이足遣い가 발을 조종하는 산닌즈카이 방식으로 인형사 역할을 구성한다.

03

우키요에浮世絵

우키요에의 어원 및 특징

우키요浮世는 '떠다니는 세상'이란 뜻을 가지고 있다. 똑같은 발음의 다른 말인 우키요憂き世에서 유래되었다. 우키요憂き世는 '근심 어린 세상'이란 의미를 가지고 있다. 불교의 극락정토와 대비되는 의미로 생로병사가 전개되어 괴롭고 덧없으며 근심 걱정스러운 세상이라는 개념을 가지고 있다. 우키요憂き世에서 볼 수 있는 다양한 모습을 그린 그림이 우키요에浮世絵라고 불리게 되었다.

우키요에는 에도 시대 당대의 사람들의 일상생활, 풍경, 풍물 등 서민생활을 기반으로 하여 제작된 목판화이다. 전국 시대를 지나 평화가 정착되고 신흥 세력인 무사, 졸부, 상인, 일반 대중 등을 배경으로 하여 한 사회의 풍속, 인간의 심리나 행동 묘사 등을 주제로 삼았다.

18세기 중엽부터 말기에 성행하였고 일반적으로 통속적, 오락적, 관능적으로 인간 생활 모습을 묘사하였다. 다양한 소재를 사용하였고, 후에 서양으로 알려져 서양 미술의 인상파에도 큰 영향을 끼쳤다.

우키요에 종류와 대표 화가

야쿠샤에役者絵

당시 서민들 최고의 오락으로 가부키가 유행하였다. 가부키 배우들의 그림을 야쿠샤에라고 한다. 가부키 팬들에 의한 안정적인 수요가 많았기 때문에 우키요에 작품의 절반을 차지할 정도로 인기가 높았다. 야쿠샤에의 대표 작가로는 도슈사이 샤라쿠東洲斎写楽가 있으며 자세한 신원은 불명으로 베일에 가려진 화가이다.

미인화美人画

미인을 그린 그림으로 야쿠샤에와 함께 우키요에의 주요 테마이다. 초기에는 에도의 요시와라吉原 유곽의 유녀만 그렸으나 미인화의 대가인 스즈키 하루노부鈴木春信의 활약으로 서민의 생활이나 당대의 미인을 그린 작품이 많아졌다. 미인화의 대가로는 스즈키 하루노부와 기타가와 우타마로喜多川歌麿가 있다.

풍경화風景画

풍경화는 미인화의 절정기에 처음 탄생하였다. 풍경화가 늦게 탄생한 이유는 기법 습득의 어려움에 있었다. 풍경을 주체로 그리기 위해서는 원근법, 음영법, 농담법 등의 기법이 필요했기 때문이다. 가츠시카 호쿠사이葛飾北斎, 우타가와 히로시게歌川広重가 풍경화를 발표하면서 큰 열풍을 일으켰다.

화조화花鳥画

꽃, 수목, 식물, 새, 동물, 벌레 등과 같이 생물들을 조합한 정취가 넘쳐나는 그림이다. 우키요에로 그려지게 된 것은 19세기 이후이다.

무사화武者絵

전설이나 이야기기에 등장하는 일본, 중국의 무장들이나 전쟁의 모습을 그린 그림이다. 영웅들의 무용담은 에도 사람들에게 큰 인기를 얻었다.

희화戯画

유머러스하게 표현한 그림으로 광화狂画라고도 불린다. 무사화로 명성이 높은 우타가와 쿠니요시歌川国芳 등의 특기이다. 동식물을 의인화하거나 퍼즐처럼 인물을 그리는 것이 특징이다.

스모화相撲絵

스모 선수나 스모 경기에 관련된 그림이다. 도효土俵에서 경기하는 모습, 대기실에서 볼 수 있는 선수의 모습, 스모 선수의 초상화 등의 모습이 담겨 있는 우키요에이다.

춘화春画

남녀의 성행위를 노골적으로 묘사한 우키요에이다. 많은 우키요에 작가들이 그렸던 장르이다.

해외로의 영향

1868년 메이지 유신 이후 일본의 근대화가 본격적으로 시작되고 서구 문물이 유입되었다. 미술계에서도 서양화가 본격적으로 유입되면서 일본 판화는 서양 회화보다 낮은 평가를 받았다. 19세기 말 일본 국내에서 우키요에는 서구 문명 유입에 의해 쇠퇴하고 있었으나 해외에서는 파리를 중심으로 일본 미술의 흥행이 일어났다. 19세기 말부터 20세기 초에 걸쳐 유럽에서 일어난 일본 문화의 흥행을 자포니즘이라고 하였고 그 중심에 우키요에가 있었다.

빈센트 반 고흐, 탕기영감의 초상, 1887년

클로드 모네, 기모노를 입은 카미유, 1876년

일본화

04

일본화는 크게 불화, 야마토에, 수묵화, 우키요에 4가지의 그림으로 분류된다. 4가지 그림 중 에도 시대에 가장 성행했던 그림은 우키요에浮世絵 이다.

불화仏画

불화란 불교적 신념을 담은 그림으로 불교의 세계관, 다양한 부처의 형상 등 불교와 관련된 모습을 그림에 담고 있다.

야마토에大和絵

야마토에란 귀족 취향의 그림으로 일본 회화 양식의 하나이다. 헤이안 시대 국풍문화國風文化 시기에 발달한 그림으로 이 시기 이후에도 많은 영향을 미친 일본 그림의 고전 양식이다.

수묵화水墨画

수묵화는 중국에서 전래된 그림으로 15세기경에 일본 회화의 일부로 독자적으로 발달했다. 묵의 농도를 활용하여 명암을 표현하는 것이 수묵화의 특징이다.

스모 相撲

05

스모의 시작은 스포츠가 아니라 신도의 의식이었다. 힘이 센 남자들이 신 앞에서 그 힘을 바치는 일종의 의식으로부터 시작되었다. 이렇게 스포츠의 기원이 신도의 의식이었기 때문에 현재의 스모도 신에 대하여 경의를 표하고자 예의범절을 매우 중시하고 있다.

스모는 도구를 사용하지 않고 참가자의 육체만을 사용해 서로 우열을 가리는 형태라는 점에서 한국 고유의 전통 스포츠인 씨름과 유사하다.

스모의 역사

스모는 단순한 경기가 아니라 일본 고유의 제사이며 축제이다. 왕실의 중요한 의식으로 오곡의 풍요를 기원하고 신에게 감사하는 봉납 스모를 기원으로 하고 있었다. 봉납 스모는 지금도 전국 각지에서 일반인들의 참여로 이루어지고 있다. 이러한 역사 때문에 스모의 예의범절은 매우 중요시된다.

스모는 신도의 의식에서 시작해 나라 시대에는 조정 행사로 정착되었다. 그 후 가마쿠라 시대에 무사들의 무도로 유행하였으며, 에도 시대에는 한 시적으로 스모 금지령이 내려졌다. 대중의 폭발적인 인기로 인한 부작용으로서 도박이 성행하였기 때문이었다. 스모 금지령이 풀리고 18세기부터 300여 년의 시간이 흐르면서 지금과 같은 규칙들과 경기 제도가 확립되었다. 메이지 시대 말기는 스모가 일본 대표 스포츠에 이르렀다.

스모相撲와 오즈모大相撲

스모에 '오'가 붙는 오즈모는 재단법인 일본스모협회가 주최하는 상업적인 스모 경기의 이름을 의미한다.

스모 개최 시기

일본스모협회에서 개최하는 스모 경기인 오즈모는 매년 홀수 월에 총 6번의 대회가 개최된다. 이 대회에는 일본인뿐만이 아니라 몽골, 미국, 불가리아 등의 선수도 참여하며 오즈모에 참가하는 선수들은 등급을 부여 받는다. 가장 높은 등급인 요코즈나横綱를 받은 선수는 2019년 1월 기준으로 몽골 출신의 하쿠호白鵬, 가쿠류鶴竜가 있다.

월	1월	3월	5월	7월	9월	11월
명칭	하츠바쇼 初場所	하루바쇼 春場所	나츠바쇼 夏場所	나고야바쇼 名古屋場所	아키바쇼 秋場所	큐수바쇼 九州場所
장소	도쿄 東京	오사카 大阪	도쿄 東京	나고야 名古屋	도쿄 東京	후쿠오카 福岡

오즈모의 횟수와 장소, 입장료

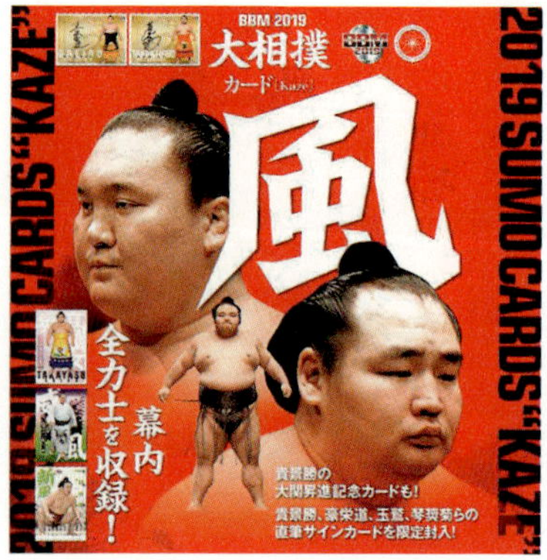

오즈모는 현재 1년간 6번의 대회 하츠바쇼初場所, 하루바쇼春場所, 나츠바쇼夏場所, 나고야바쇼名古屋場所, 아키바쇼秋場所, 규슈바쇼九州場所가 있는데 이를 혼바쇼本場所라고 한다. 한 경기는 15일간 진행되어 1년에 총 90일 동안 오즈모가 열린다.

하나의 대회는 일요일에 시작해 다다음 주 일요일까지 진행된다. 일반적으로 가장 고가의 좌석은 1인당 14,300엔이며, 4~7명이 앉을 수 있는 칸막이 좌석인 마스석桝席은 7,200~11,300엔이고, 일반 의자 좌석은 2,800~4,700엔 정도이다.

스모 용어

- **리키시**力士 : 스모 선수
- **교지**行司 : 가마쿠라 시대의 전통 복장을 입는 심판
- **마와시**廻し : 스모 선수가 두르고 있는 샅바
- **게쇼마와시**化粧廻し : 스모 선수가 의식을 행할 때 착용하는 앞치마처럼 보이는 장식

리키시

교지

마와시

게쇼마와시

도효土俵

도효는 스모 선수가 경기를 치르는 경기장이다. 높이 34cm~60cm로 흙을 담은 가마니를 바닥에 둥근 형태로 놓은 뒤 한 변 670cm의 정사각형 모양으로 흙을 쌓아 올려 중앙에 직경 455cm의 원을 만들도록 정해져 있다.

도효이리土俵入り

경기 시작 전 동東과 서西로 나눠 오즈모 최고 등급인 마쿠노우치幕の内의 선수들이 게쇼마와시를 두르고 도효에 올라 의식하는 것이 도효이리이다. 마쿠노우치 중 최고 지위인 요코즈나의 도효이리가 끝나면 스모 경기가 시작된다. 스모는 봉납 스모로부터 유래되었기 때문에 여러 의식이 있는데 가장 대표적인 것이 요코즈나의 도효이리이다.

치카라미즈力水

리키시스모 선수가 도효에 나오기 전에 입을 행구는 물을 의미한다. 물로 기력을 높인다는 의미로 치카라미즈라고 한다. 물은 도효의 동쪽과 서쪽 아래 나무 들통에 준비되어 있다. 입장하는 선수는 전 시합의 승자가 국자로 떠 주는 물을 받아 입을 헹군다.

치카라가미力紙

스모 선수가 시합에 들어가기 전 치카라가미라는 일본의 전통 종이를 사용하는데 몸과 마음을 정화하기 위한 일종의 의식이다. 지카라미즈로 입을 헹군 뒤 치카라가미를 사용한다.

정화의 소금清めの塩

스모 선수가 입장하기 전 도효 가장자리에 놓여 있는 소금을 뿌린다. 이러한 행위는 땅 속의 나쁜 기운을 쫓아내 도효를 정화하고 선수들의 부상 방지를 기원하는 것을 의미한다.

시코四股

네 개의 넓적다리라는 뜻을 의미한다. 스모 선수가 시합 전 좌우 양다리를 서로 번갈아 높이 들어올리고 내리는 독특한 동작을 의미한다. 시합 직전 일종의 의식으로 볼 수 있다.

스모마게相撲髷

스모 선수의 특이한 머리 모양으로 시대에 따라 명칭과 모양이 변화했다. 스모마게는 리키시의 품격을 높이고 동시에 스모의 전통을 계승한다는 의미가 있다.

국기관国技館

스모의 전통 경기장이다. 1909년 도쿄 료고쿠両国에 건립되었고 주변에는 스모 선수들이 많이 있다. 특히 도쿄에서 스모대회가 열리는 1월, 5월, 9월에는 국기관 주변을 화려하게 장식한다. 이 근처에는 스모 선수들이 좋아하는 창코나베 요리점이 많다.

스모 선수

오즈모는 의무교육 12년을 마친 남성 중 신장 173cm, 체중 79kg 이상의 조건을 충족한 사람만 참가할 수 있다. 일반인은 23세 미만이고 일본스모협회가 지정하는 사회인, 대학 등의 스모대회에서 특정 성적을 거둔 사람은 만 20~25세 미만이어야 한다.

오즈모는 최상위 레벨인 요코즈나가 속해 있는 그룹인 마쿠노우치부터 최하위인 조노쿠치까지 6개의 계급이 있다. 마쿠노우치의 선수는 요코즈나, 오제키, 세키와케, 고무스비, 마에가시라 5개가 속해 있고 그 밑으로 5개의 등급이 있다.

요코즈나横綱

스모 선수 중 가장 최고의 지위를 가리키는 명칭이다. 1970년대 기타노 우미北の湖, 1980년대 치요노 후지千代の富士, 1990년대 다카노 하나貴乃花 등이 있다. 현재는 하쿠오白鳳가 장기간 요코즈나의 지위를 차지하고 있다.

반즈케番付

시합 성적에 따라 순위가 정해지는데 순위를 기록한 표를 '반즈케'라고 한다. 반즈케에는 성적 순으로 리키시의 이름을 점점 작은 글씨로 작성한다.

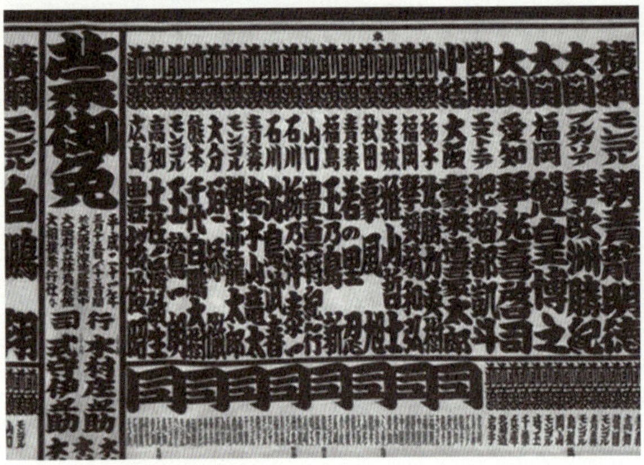

스모 선수들의 몸집 유지 방법

스모 선수들에게 연습 시간과 식이 조절은 필수적이다. 식이 조절을 위해서 먹는 음식 중 대표적인 것이 창코나베ちゃんこ鍋라는 특별히 양이 많은 냄비요리이다. 창코나베는 쇠고기, 배추, 파, 조개, 쑥갓, 버섯 등의 재료를 끓인 요리이다.

스모 기술

요리키리寄切り : 상대방의 샅바를 잡아들어 밖으로 밀어내는 기술

오시다시押し出 : 상대방을 밀어 밖으로 내보내는 기술

우와테나게上手投げ : 상대방의 팔을 끌어안듯이 샅바를 잡아 올려 던지는 기술

오쿠리다시送り出し : 등을 보이는 상대방을 밀어 밖으로 내보내는 기술

시타테나게下手投げ : 상대방의 팔 밑으로 손을 넣어 집어 던지는 기술

기리카에시切返し : 상대방이 밀어붙일 때 피하면서 상대방의 힘을 역이용하는 기술

스모 경기

스모 경기는 상대방을 도효 밖으로 밀어내거나 몸의 일부분을 땅에 닿게 하면 이긴다. 대회는 오전에 제일 아래 등급인 조노쿠치序の口의 경기부터 시작하여 최고 등급인 요코즈나横綱의 경기가 마지막에 열리고, 요코즈나의 경기가 끝나면 그날의 스모 경기를 마무리한다.

스모는 의식을 중요시하는 경기이다. 도효에 오르기 전 옆에 놓인 물통에서 물을 떠 입을 헹구고 깨끗한 종이로 입가의 물을 닦아낸다. 이 때 앞 경기에서 이긴 선수가 다음 싸울 같은 편 선수의 물을 떠주고 진 선수는 그냥 퇴장한다. 이러한 의식이 스모 경기에서는 매우 중요시된다.

입장

경기는 선수가 대기실에서 나와 통로를 지나 도효 밑에 등장하는 것부터 시작된다. 선수는 도효를 사이에 두고 동쪽과 서쪽으로 나눠 대기하며 요비다시呼び出し, 선수를 호명하여 등장시키는 사람가 이름을 부르면 도효 위로 올라와 양손을 땅에 짚는 준비 동작을 반복한다.

대결

도효 중앙에 나와서 바닥에 있는 흰색 선 앞에 두 주먹을 대는 것이 준비 자세이다. 심판의 판정에 대한 항의는 불가하고 애매한 경기 결과의 경우 주심과 4명의 심판이 함께 슬로우 비디오를 보며 판정한다. 최상위 그룹 선수들의 경우 승자에게 민간 기업 등의 상금을 전달하기도 한다.

퇴장

승부가 나면 심판인 교지가 부채 모양의 군파이軍配를 이긴 선수의 방향으로 들어 올리며 승리를 선언하고 경기가 끝난다.

유미토리시키弓取り式

모든 대전을 마친 후에는 승자의 의식인 유미토리시키를 끝으로 하루의 스모 경기를 마무리한다.

제8장

다도 문화와 마츠리

다도茶道

01

다도란 다실을 꾸미고 다도구를 준비하는 등 차를 마시는 일체의 과정을 의미한다. 다도의 예법으로는 찻잔에 차를 준비하여 손님에게 권하는 방법과 손님이 이것을 받아들이는 마음으로 구성된다.

다도는 차를 마시는 것만이 아니라 예법, 작법과 같은 형식적인 부분도 중시한다. 다도에는 정해진 규칙이 존재하고 이를 작법作法이라고 한다. 작법은 우라센케表千家, 오모테센케裏千家 등 42개의 유파에 따라 다르다. 다도는 작법, 다실의 건축 양식, 공예, 꽃꽂이, 요리 등이 포함되기 때문에 종합 예술로 여겨진다.

다도의 역사

차를 마시는 풍습은 8세기에 중국에서 들어온 승려들에 의해 전달되었다. 그 이후 헤이안 시대 초기에 스님 중 한 명이 당나라에서 귀국할 때 차와 열매를 가지고 돌아온 것이 차나무가 처음 일본에 유입되었던 계기이다. 초기에는 중국에서 수입되어 소수의 귀족들과 승려들이 즐겼으나 점차 차의 생산이 가능해지자 건강 회복을 위한 약으로써 차를 마시는 습관이 승려 계급과 상류 사회에 유행하기 시작하였다.

센노리큐千利休, 1522-1591라는 다도의 대가에 의해 16세기말 차의 정신, 예법, 작법이 완성되었다. 센노리큐가 사망한 후 제자들은 다양한 형태로 다도를 확립하여 대대로 전승하고 있다.

센노리큐

시대에 따라 차의 예법, 작법 등은 변한 부분이 있지만 그 정신은 변하지 않았다. 센노리큐의 사후 400여 년을 맞이하고 있는 일본의 다도는 중국으로부터 전해졌지만 독자적인 발전을 거쳐 일본의 지역과 정서에 맞는 전통 문화가 되었다.

가이세키かいせき(회석요리)

• 회석懐石요리

다도를 위해 예법을 지키면서 음식이 나오는 순서대로 천천히 즐기는 요리를 의미한다. 원래는 차가 나오기 전에 공복을 채우는 간단한 식사이다. 먹기 전에 눈으로 즐기고 먹을 때는 우아하게 먹는 것이 기본적인 예법이다.

• 회석会席요리

회석懐石요리와는 달리 연회 요리로 술자리용 요리이다. 일본의 온천여관에서 저녁식사로 자주 나오며 단체로 모여 축하할 일이 있는 경우 종종 나오는 요리이다.

차의 종류와 다도구

차의 종류

- **센차**煎茶 : 찻잎을 잘게 썰어 말린 다음 뜨거운 물에 우려서 먹는 차이다. 일본에서 일반적으로 가장 많이 마시는 차 종류이며 전체 차의 약 80% 정도가 센챠이다.
- **교쿠로**玉露 : 그늘에서 비료 등을 사용해서 충분한 영양 공급을 하여 키운 고급 녹차이다. 재배하기 어려운 만큼 값이 비싸지만 맛과 향이 진하다.
- **맛차**抹茶 : 찻잎을 곱게 갈아서 찻잔에 넣고 뜨거운 물을 부은 후 저어서 마시는 차이다.
- **고이차**濃茶 : 맛차의 종류 중 하나로 맛차의 농도를 진하게 한 차이다.
- **우스차**薄茶 : 고이차와 같이 맛차의 종류 중 하나로 맛차의 농도를 연하게 한 차이다.
- **반차**番茶 : 오랜 기간 자란 큰 찻잎으로 만든 차이다.
- **메차**芽茶 : 센차나 교쿠로를 만들면서 새싹을 가려내 만든 차이다. 맛과 향이 강한 편이고 그만큼 카페인과 같은 성분이 많은 편이다.

센차(煎茶)

교쿠로(玉露)

맛차(抹茶)

고이차(濃茶)

우스차(薄茶)

반차(番茶)

메차(芽茶)

다도구

- **차왕**茶碗 : 맛차를 풀어서 마시는 그릇이다.
- **나츠메**棗 : 우스차의 가루를 담아 두는 통이다.
- **차이레**茶入 : 고이차의 가루를 담는 통이다.
- **차샤쿠**茶杓 : 맛차 가루를 차이레나 나츠메로부터 차왕에 넣는 도구이다. 주로 대나무를 사용하나 상아, 자기 등 고급의 재료로 만들기도 한다.
- **히샤쿠**柄杓 : 무쇠 솥의 뜨거운 물을 뜨기 위한 도구로서 대나무로 제작한다.
- **가마**釜 : 차를 만들 때 사용할 물을 끓이는 무쇠 용기이다.
- **후로**風爐 : 가마를 달구기 위한 불화로이다.
- **차센**茶筅 : 맛차 가루를 섞을 때 사용하는 도구이다. 가루를 섞는 도구의 부분을 호사키穗先라고 부르며 고이차의 경우 60개 정도로 호사키의 수가 적은 것을 사용하고 우스차의 경우 120개 정도로 호사키의 수가 많은 것을 사용한다.

차왕(茶碗)

나츠메(棗)

차이레(茶入)

차샤쿠(茶杓)

히샤쿠(柄杓)

가마(釜)

후로(風爐)

차센(茶筅)

다회의 양식

다회의 양식으로는 다사칠식茶事七式이라는 다회 개최 시기와 목적에 따른 기본적인 7가지 방식이 있다.

1. 밤다회 : 밤에 모여 이야기를 나누는 다회로 주로 겨울밤에 열며 긴 겨울의 정취를 이야기한다.
2. 아침다회 : 아침에는 여는 다회로 주로 여름날 아침에 연다. 아침에 느끼는 청량감을 소재로 대화한다.
3. 새벽다회 : 새벽 4시쯤부터 동이 트는 풍경을 보며 그 정취를 이야기하는 다회이다.
4. 자취다회 : 신분이 높은 귀한 손님이 다실에 다녀간 직후에 그 손님과 함께 차를 마시며 이야기를 나누지 못했지만 그 손님과 같은 자리에 앉아 손님이 사용한 다도구로 차를 마시며, 그 손님의 정취를 느껴보기 위한 다회이다. 귀한 손님의 자취를 음미, 감상하는 데 의미가 있는 다회이다.
5. 낮다회 : 정오에 모여 간단히 식사를 곁들여서 여는 다회이다.
6. 개봉다회 : 그 해에 새로 딴 찻잎을 저장해 두었다가 11월에 손님들을 모신 자리에서 개봉하여 차를 대접하는 다회이다.
7. 불시다회 : 미리 알리지 않고 갑작스럽게 방문한 손님을 위해 여는 다회이다. 이 경우에는 정식 절차를 갖추지 못하더라도 손님이 이를 탓하지 않는 것이 예의이다.

그 외에는 한 명의 손님만을 위해 여는 독객다회, 손님이 식사를 하고 온 경우에 다과만 대접하는 식후다회, 밤새 다실에 피운 숯불의 불꽃을 감상하기 위해 손님을 모시고 여는 잔불을 감상하는 특이한 다회 등이 있다.

다회의 진행 순서

다회의 진행 순서는 크게 10단계로 나눌 수 있다.

1. 손님들은 외로지外露地라는 정원의 굽은 길을 들어간 뒤 걸상에 앉아 기다린다.
2. 주인이 물그릇에 물을 채워 놓고 들어가면 손님들은 순서대로 손을 씻는다.
3. 주인은 내로지內露地로 들어가는 문을 열고 손님들을 환영한다.
4. 손님들은 니지리구치にじり口라는 입구를 통해 다실로 들어간다.
5. 들어온 손님들은 인사를 서로 나누고 지정된 자리에 앉는다.
6. 주인은 이로리いろり에 불을 피운 뒤 회석요리懷石料理를 대접한다.
7. 회석요리를 먹은 후에 다과를 시식하고 정원으로 나가 중간 휴식을 취한다.
8. 손님들이 나간 사이에 주인은 족자를 내리고 꽃을 장식한 뒤 차를 준비한다.
9. 종을 울려 들어올 시간을 알리고 나면 손님들은 손을 씻고 들어와서 앉는다.
10. 주인이 먼저 고이차를 내고 다과를 대접한 뒤 우스차를 낸다.

센노리큐와 니지리구치

센노리큐千利休

센노리큐는 바람직한 다실의 분위를 정립하고자 노력한 다도의 대가이다. 다도를 하고자 하는 사람들이 반드시 지녀야 하는 마음가짐으로 화경청적和敬清寂의 정신을 강조하였고 이를 양식화하는 것에 노력하여 다도를 확립한 인물이다.

일본의 다양한 교과서에서 ‘다도는 일정한 작법이 있어 주인과 손님이 공감하고 차를 마시는 일본의 전통문화로 16세기 후반 센노리큐에 의해 대성’이라고 표현할 만큼 센노리큐는 다도에 있어서 중요한 역사적 인물이다. 센노리큐는 화和·경敬·청清·적寂을 중시하였는데 화和는 서로 사이좋게 지내며 불심으로 서로가 하나 되어 잘 어우러질 수 있는 상태를 의미한다. 경敬은 주인이나 손님 모두 존엄한 인격체임을 서로 인지할 때 우러나오는 상호 존중의 마음가짐을 의미한다. 청清은 정신과 육체가 깨끗한 상태로 임하는 것을 의미하고, 적寂은 다실에서 소란스럽지 않도록 조용한 상태를 유지하는 것을 의미한다.

니지리구치にじり口

니지리구치는 높이 68cm에 폭 63cm인 문으로 다실에 들어갈 때 사용하는 작은 입구이다. 입구를 이와 같이 설계한 이유는 다회에 참석할 때 허리를 구부리고 두 손을 모은 뒤 무릎을 꿇고 들어가게 함으로써 겸허한 마음으로 다회에 임하게 할 수 있기 때문이다.

마츠리祭り 02

'마츠리'라는 말은 '제사를 지내다'의 명사형을 의미한다. 과거에는 신에게 제사를 지내는 것을 의미하였으며 그 의식 자체를 지칭하는 말이었다. 그 영향이 현대까지 미쳐 신사나 절이 마츠리의 주체가 되거나 무대인 경우가 많다. 일반적으로 현대의 마츠리는 경사스러운 종교적 행사나 축제를 의미한다.

마츠리의 목적에 따라서 개최 시기와 행사의 내용이 매우 다양하다. 같은 목적과 같은 신에 대한 마츠리의 경우도 지역에 따라 크게 차이 나는 경우가 많다. 마츠리는 수확기에 마을 사람들이 함께 모여 잔치를 열었던 것에서 유래되는데 각 지역마다 독특한 전통과 풍습이 담겨 있는 단순한 축제 이상의 의미를 가진 연중행사이다.

처음에는 신과 조상의 영혼을 기리고 그 해의 풍작을 기도하였고, 지금까지 이 풍습이 전해지는 것을 전통 마츠리라 하고 절이나 신사가 중심이 되어 이어지고 있다.

마츠리의 정신

마츠리는 인간이 가지고 있는 종교적 심성에 뿌리를 두고 있으며 신에 대한 기원과 감사를 마츠리의 기본 정신이라고 할 수 있다. 마츠리에서 사람들은 하치마키はちまき라는 흰 수건을 머리에 쓰고, 합피はっぴ라는 윗도리에 다비たび라는 양말을 신고서, 미코시みこし를 끌어 행진함으로써 신에게 기원하고 감사하는 의미를 나타낸다. 계절에 따라 매우 다양한 형태로 행해진다.

마츠리의 기능

마츠리의 기능으로는 크게 2가지가 있다. 첫 번째는 상업적 기능이다. 타 지역에서 마츠리를 보기 위해 모이는 손님들로 인해 지역 경제 발전에 큰 역할을 한다. 두 번째는 사회적 기능이다. 오랜 기간 마츠리를 준비하고 행사를 진행하기 위해서는 마을 사람들 간의 협동이 요구되므로 주민들 간의 공동체 의식을 고조시킨다.

마츠리의 특징

마츠리의 특징은 크게 3가지로 볼 수 있다. 마츠리는 서민 문화의 성격이 강하다. 마츠리는 지역 주민의 준비가 없이는 개최하기 어렵기 때문에 서민들의 참여가 필수적이고 이로 인해 주민이 마츠리의 주체가 될 수밖에 없다. 그리고 마츠리는 다양한 특징을 가지고 있는 의식 문화이다. 마츠리는 지역과 전통에 따라 다양한 형태로 진행된다. 온천 마츠리, 지역 마츠리, 어업 마츠리 등 목적과 의도에 따라 다양한 의식을 행한다. 마지막으로 마츠리는 집단문화적 성격을 가지고 있다. 마츠리는 지역 주민들의 협조로 개최되므로 지역 구성원들 간의 공동체 화합이 필수적이다. 마츠리를 준비하면서 공동체 구성원간의 정체성을 확인하고 화합을 추구할 수 있다.

일본의 3대 마츠리

간다마츠리神田祭

일본의 3대 축제 중 하나로 도쿄에서 열리는 간다마츠리가 있다. 에도 시대에는 간다마츠리 시기에 유일하게 일반인들에게도 에도성 출입이 가능했다. 매년 5월 14일~20일에 열리며 여러 개의 가마미코시가 일시에 출발하는 특징이 있다.

도쿄 간다마츠리는 도쿠가와 이에야스徳川家康가 세키가하라関が原 전투에서 승전한 것을 기념하여 시작한 축제가 기원이다. 과거에는 히에신사日枝神社의 산노마츠리山王祭り, 후카가와마츠리深川祭り와 함께 에도의 3대 마츠리의 하나로서 에도 시대 '마츠리의 꽃'이었다.

간다마츠리의 볼거리

에도 시대 타임슬립

에도 시대부터 전해졌기 때문에 간다마츠리 기간에는 에도 시대의 복장과 행렬을 그대로 재현하여 에도시대의 느낌을 받을 수 있다.

미코시

간다마츠리는 남녀노소를 불문하고 가마 미코시를 짊어지고 다니므로 다양한 종류의 미코시를 볼 수 있다.

오에야마 가이진大江山凱陣

간다마츠리의 명물 중 하나이다. 악마의 거대한 얼굴을 하고 있으며 악귀와 악신들을 퇴치하고자 하는 행진이다.

거대 메기와 큰 바위

과거 일본 사람들은 메기가 지진을 부른다고 믿어 무거운 돌로 메기를 누름으로써 지진의 예방을 기원하였다. 지금도 이 행진을 간다마츠리에서 한다.

텐진마츠리天神祭

일본 각지의 텐만구天満宮, 스가와라노 미치자네를 신으로 모시는 신사에서 개최되는 마츠리이다. 역모 죄로 억울하게 죽은 스가와라노 미치자네菅原道眞, 845~903, 일본 헤이안 시대의 학자, 한시인, 정치가를 기리는 진혼제를 기원으로 1000년 이상의 역사를 가진 유서 깊은 마츠리이다. 각 신사의 텐진마츠리 중 오사카 텐만구를 중심으로 오사카 시에서 진행하는 텐진마츠리가 유명하다.

일본의 3대 마츠리이며 선상 마츠리인 것이 특징이다. 매년 7월 24~25일에 열리며 오사카의 대표 마츠리이다. '후나토교船渡御'라고 하는 것이 가장 인기가 많으며 약 100척의 배들이 강을 거슬러 올라가는 행사이다. 이 시기가 되면 100만 명이 넘는 인파가 오사카로 몰린다.

오사카 텐진마츠리의 볼거리

오사카 텐진마츠리의 메인 행사인 후나토교船渡御는 약 100척의 화려한 배들이 도지마가와堂島川와 오가와大川를 거슬러 올라가는 행사이다.

기온마츠리祇園祭

교토에서 열리는 3대 마츠리이며 일본의 무형 민속 문화재이다. 전염병을 퇴치하기 위한 기원제가 그 유래이다.

매년 7월 1일~31일까지 한 달 동안 진행되는 마츠리이다. 16일날 열리는 '요이야마宵山'와 17일날 열리는 '야마보코山鉾 순행'이 유명하다. 야마보코 순행은 야마보코가 모여 거리를 진행하는 것인데 기온마츠리의 상징인 야마보코는 높이 20m가 넘는 장식물이며 수레로 끄는 것이 일반적이다.

일본의 유명 마츠리

삿포로 유키마츠리札幌雪祭り

삿포로 유키마츠리 눈축제는 매년 2월 일본 홋카이도北海道 삿포로札幌에서 열리는 마츠리이다. 1950년 2월 18일부터 시작되었으며, 15m 상당의 얼음 조각과 눈으로 만든 예술 조각품들이 전시된다. 밤에는 조명이 켜져 더욱 아름다운 야경을 즐길 수 있는 마츠리이다.

요사코이よさこい

요사코이는 매년 8월 9일 전야제, 10일 ~ 11일 본공연, 12일 후야제, 전국대회로 구성되어 총 4일 동안 진행되는 마츠리이다. 고치高知 시내에서 약 18,000명이 '나루코딸랑이'라는 소리를 내는 물건을 가지고 춤을 추며 시내를 행진하는 여름 마츠리이다. 춤은 열정적이고 매우 화려하며 다채로운 의상과 안무가 가능한 자유로움이 요사코이의 매력이다.

요사코이よさこい는 '밤에 오소서夜にいらっしゃい'라는 뜻을 가진 일본어의 고어 요사리코이夜さり来い를 의미하거나 고치현高知県의 요사코이 마츠리의 축약어를 의미하기도 한다. 그 밖에도 요사코이 마츠리의 형식을 도입한 각 지역의 마츠리, 행사, 춤의 호칭으로서 요사코이라고 부르는 경우도 있다. 1954년 시민 축제와 상점의 활성화를 겸한 축제로 고치현이 본 고장이고, 현재는 자유롭고 정열적인 춤에 큰 매력을 느낀 사람들에 의해 각종 지역에서 열리고 있다.

네부타마츠리ねぶた祭り

네부타마츠리는 아오모리현青森県의 아오모리시青森市, 히로사키시弘前市, 고쇼가와라시五所川原市에서 각각 열리지만 아오모리시의 축제가 가장 유명하다. 일반적으로 네부타마츠리라고 하면 아오모리 네부타마츠리를 지칭한다. 센다이시仙台市의 다나바타마츠리七夕祭り, 아키타시秋田市의 간토마츠리関東祭り와 함께 일본 도호쿠 지방 3대 마츠리에 속하며 1980년에 일본의 주요 무형 민속 문화재로 지정되었다.

아오모리 네부타마츠리青森ねぶた祭り

아오모리 네부타마츠리는 일본 아오모리현青森県에서 매년 8월 2일~7일까지 개최되는 민속 축제이다. 사람 모양의 대형 등롱燈籠을 수레에 얹고 거리를 행진하는 행사가 중심이다. 대나무에 여러 개의 등을 매달고 거대한 종이 인형으로 꾸민 수레를 네부타ねぶた라고 하는데 여기서 축제의 명칭이 유래되었다. 각 수레들은 주로 중국의 역사 속 이야기나 일본의 고전 이야기를 주제로 장식된다.

아와오도리阿波おどり

아와오도리는 매년 8월 12일~15일까지 시코쿠四国 동부의 도쿠시마현徳島県을 중심으로 열리는 민속 무용 축제이다. '아와阿波'는 도쿠시마의 옛 이름이고 '오도리おどり'는 춤을 뜻하는 단어로, 도쿠시마 지역에서 전해진 민속 무용의 하나가 마츠리가 된 것이다.

축제 기간에는 100만 명 이상의 관광객들이 방문한다. 노래를 부르고 춤추며 4일 간 거리를 행진하는 마츠리이다. 현재의 아와오도리는 북, 피리 등 악기와 노래에 맞춰 남녀 집단이 수많은 조로 나뉘어 거리를 누비며 춤춘다. 아와오도리의 춤 동작은 리듬 있는 선창으로 손발을 엇바꿔가며 힘차게 앞으로 내밀며 나아가는 동작을 되풀이한다. 역동적인 춤과 화려한 의상이 아와오도리의 볼거리이며 남녀노소 모두 즐겁게 춤추며 즐길 수 있는 축제이다.

제9장
명소와 건축물

01 일본의 3대 절경

일본의 3대 절경으로는 마츠시마松島, 아마노하시다테天の橋立, 미야지마宮島가 있다.

마츠시마松島

일본 동북지역에 위치한 섬이다. 동북지역에 위치한 만큼 깊은 바다와 녹색의 소나무를 볼 수 있다. 헤이안 시대부터 그 절경을 자랑하였고 현재 국가 특별 명승지, 현립 자연공원으로 지정되어 있을 만큼 아름다운 장소이다. 마츠시마의 아름다움에 감동받아 시나 그림을 표현한 예술가들이 다수 존재한다.

소나무의 녹색이 만들어낸 색채의 대비와 함께 넓은 바다에 뜬 작은 섬들의 조형미가 환상적이다. 어느 방향에서 보더라도 그 아름다운 모습은 변함이 없으며 높은 장소에서 마츠시마의 절경을 본다면 더욱 큰 감동을 느낄 수 있다.

오기타니扇谷

마츠시마의 전경을 조망할 수 있는 장소이다. 가을 단풍이 아름답기로 유명하다.

도미야마富山

마츠시마 동쪽, 남쪽, 서쪽의 세 방향을 관람할 수 있는 장소이다.

시다이칸四大観

마츠시마에 떠 있는 260여 개의 섬들을 한 눈에 볼 수 있는 명소가 시다이칸이다. 동서남북 네 곳의 전망지에서 보는 전망을 시다이칸이라고 부르며, 동서남북 각각의 방향에서 서로 다른 아름다운 모습을 볼 수 있다.

다몬잔多聞山

마츠시마 섬들을 배경으로 유람선들의 왕래를 볼 수 있는 장소이다.

오다카모리大高森

마츠시마 동측의 중앙 부분을 의미한다.

고다이도五大堂

고다이도는 마츠시마에 있는 임제종묘신사파臨済宗妙心寺派의 불당이다. 동북지방에서 가장 오래된 모모야마식 건축물로 국가중요 문화재로 지정되어 있다. 고다이도에 있는 고다이도섬과 혼슈는 붉은색의 다리로 연결된다. 이 다리는 다리 위의 틈이 15cm 정도 열려 있어 아래쪽 바다를 볼 수 있도록 되어 있다. 고다이도에 가기 전에 발 아래를 보고 마음을 단정히 할 수 있도록 만들어졌다고 전해진다.

아마노하시다테 天の橋立

교토의 미야즈시宮津市 미야즈만宮津湾에 있는 명승지로 일본 3대 절경 중 하나이다. 약 8,000그루의 소나무가 숲을 이루고 있으며 길이가 약 3.2km이고 폭 20~170m 정도의 모래사장이다.

아마노하시다테 내부에는 배가 지날 때마다 90도 회전하는 회선교가 있다. 하늘의 이자나기 신이 육지의 이자나미 신에게로 가기 위해 만들었다는 전설이 남아 있다. 노다가와野田川라는 강이 만들어낸 자연 발생적 다리이다.

미야지마宮島

1996년 12월 유네스코 제20회 세계유산위원회에서 이츠쿠시마 신사를 포함해 미야지마 전체의 약 14%를 차지하는 광범위한 면적을 세계문화유산으로 등록했다.

히로시마현 미야지마広島県宮島 이츠쿠시마신사厳島神社

이츠쿠시마신사가 물 위에 건설된 것은 섬 전체를 신의 몸이라 여겨 신성시했고, 세토내해瀬戸内海를 건너는 사람들이 배 위에서 기원할 수 있는 위치였기 때문으로 전해진다. 이츠쿠시마신사는 6세기 말 건립되었고, 1168년 무사로서 처음 정권을 장악한 다이라노 기요모리平清盛에 의해 지금과 같은 모습을 하게 되었다.

일본의 지역 명소 02

북해도 유빙北海道流氷

북해도 유빙流氷은 오호츠크해로부터 흘러내려오는 얼음을 의미한다. 북해도 유빙은 북해도 북동부 지역에서 1월 하순부터 3월 하순에 걸친 시기에 볼 수 있다.

유빙에서 놀고 있는 오와시大鷲, 흰죽지참수리는 평소에는 이 장소에 서식하는 새가 아니지만 유빙이 흘러오는 시기에만 잠시 북해도에 나타난다고 한다.

관광선 오로라호

유빙이 있는 바다에서 운항할 수 있는 관광용 배이다. 북해도 관광 시 유빙을 볼 수 있는 대표적인 선박 중 하나이다.

유빙 다이빙流氷ダイビング

북해도 유빙 시기에는 얼음과 얼음 사이로 다이빙하는 관광객들이 있다. 특수한 복장을 사용하여 큰 위험 없이 다이빙을 할 수 있다.

수빙樹氷

수빙이란 나무에 붙은 눈이 쌓여서 산과 같은 모양이 된 것을 의미한다. 아오모리青森, 야마가타山形, 미야기宮城에서 1월 하순~2월에 볼 수 있다.

후지산富士山

후지산은 일본에서 가장 높은 산으로 일본의 상징인 영산靈山, 영혼이 깃들어 있는 산이다. 해발 3,776m인 활화산으로 후지 하코네 이즈 국립공원의 일부로써 일본 최초의 국립공원이다. 야마나시현山梨県과 시즈오카현静岡県 사이에 위치하고 있으며 등반 시기는 7~9월이다. 후지신앙이라는 것이 있는데 후지산을 숭배의 대상으로 여기고 기원하는 문화를 의미한다. 후지산은 2009년에 지각 변동으로 인해 2cm 정도 이동했다. 그렇기 때문에 일본인들은 후지산이 살아 있다고 생각하기도 한다.

지고쿠다니地獄谷

지고쿠다니는 유명한 온천 지역이며 동시에 야생 원숭이 공원이 있는 장소이다. 이와 같은 지역적 특성 때문에 겨울이 되면 온천욕을 즐기는 원숭이들을 볼 수 있는데 주민들이 이런 모습을 보고 마을 뒤 계곡에 원숭이들의 전용 온천을 만들어 주었다. 야생 원숭이들이 온천욕을 하는 모습은 지고쿠다니에서만 볼 수 있는 특이한 광경이기 때문에 많은 관광객들을 유치하고 있다.

쿠로베알펜루트黒部アルペンルート

총 길이 약 37.2km의 대규모 산악 관광 루트이다. 관광을 위해 여러 회사가 협업하여 만든 교통로이다. 도야마현富山県과 나가노현長野県에 위치하고 있으며 4~11월이 관광 시기이다.

- 다치야마 쿠로베댐立山 黒部ダム

7년이라는 기간 동안 건축한 일본 최대 규모의 아치형 댐이다. 1963년에 완공되었으며, 높이 186m로 일본에서 가장 높은 댐이다.

기후현岐阜県 시라카와고白川郷

기후현에 있는 마을로 많은 강설량 때문에 갓쇼즈쿠리合掌造り라는 독특한 지붕 형식이 발달해 있다. 일본의 폭설 지역에서 볼 수 있는 건축 양식인데 이런 특성 때문에 마을 자체가 '시라카와고 고카야마의 갓쇼즈쿠리 집락촌 白川郷・五箇山の合掌造り集落'이라는 이름으로 1995년 유네스코 세계문화유산에 등재되었다.

- **갓쇼즈쿠리合掌造り 지붕 내부**

갓쇼즈쿠리는 일본의 폭설 지역에서 볼 수 있는 건축 양식이다. 억새로 된 지붕으로 경사를 심하게 제작하여 폭설을 견딜 수 있도록 한다. 일반적으로 30~40년에 한 번씩 지붕을 교체한다.

갓쇼즈쿠리 지붕 내부

갓쇼즈쿠리 내부

• **이로리**囲炉裏

일본의 전통 가옥에서 볼 수 있는 구조물로 마루 중앙에 사각형으로 불을 피울 수 있도록 하는 장치이다. 난방과 요리 용도로 사용할 수 있으며, 갓쇼즈쿠리 형식을 취하는 가옥에서 자주 볼 수 있다.

군함도軍艦島

하시마端島라고도 부르며 나가사키현長崎県에 있는 무인도이다. 섬의 형태가 군함과 유사해 군칸지마軍艦島, 군함도라고도 불린다. 1960년대까지 탄광 도시로써 많은 사람들이 살았으나 폐산 이후 모든 주민들이 이주했다. 당시의 건물이 그대로 남아 있어 2015년 세계문화유산으로 지정되었다. "태평양 전쟁 당시 많은 식민지 주민들과 전쟁 포로들이 군함도에 강제 징용되어 끌려왔다"라는 한국의 주장과 일본의 반대 주장이 대립하여 아직까지 유네스코 문화유산 지정에 대한 논란이 계속되고 있다.

03

성 城

15세기 전후부터 군사적인 목적으로 성을 만들기 시작하였고, 주로 교통의 요지에 성을 지음으로써 권력의 상징이 되었다. 주요한 성은 통치자, 지휘관과 같은 권력을 가진 사람들의 주거였고, 요충지에 건설하였기 때문에 정치와 정보의 거점이 되었다.

일본 성은 둘 또는 세 구역으로 나뉜다. 성의 중심인 혼마루本丸, 본성의 외부를 감싸고 있는 성곽인 니노마루二の丸, 니노마루를 둘러싼 외성外城인 산노마루三の丸로 구성되어 있다. 성의 둘레는 우치보리 内堀, 소토보리外堀와 같은 해자垓子가 감싸고 있다.

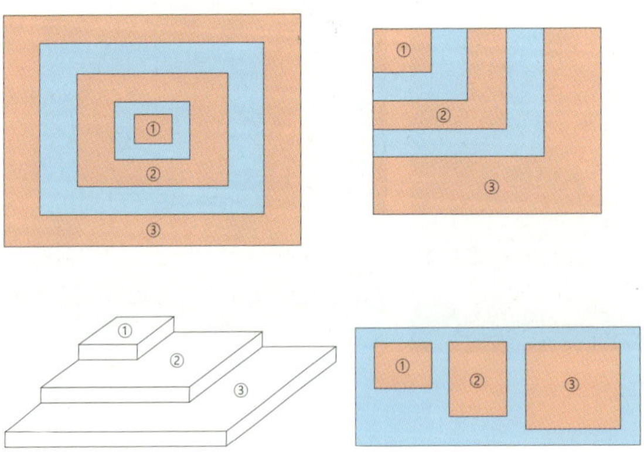

① 혼마루(本丸)
② 니노마루(二の丸)
③ 산노마루(三の丸)

천수각天守閣

천수각은 일본의 성에서 매우 상징적인 건물이다. 일반적으로 천수각이 건립된 것은 오다 노부나가織田信長가 아즈치성安土城을 거처로 선택했을 때라고 한다. 천수각은 망루와 비슷한 건물로 외관은 2~5층으로 보이며 대부분 혼마루에 건립되어 있다. 천수각 밑 부분은 천수대라는 석벽이 지탱하고 있다. 현재 천수각이 옛 그대로 남아 있는 성을 현존 천수라고 부르고 12곳이 현존하고 있다.

중세에는 적의 공격을 발견하고 전투의 지휘를 하기 위한 역할로써 조망성이 중시되었으나 근세에는 권위의 상징으로 위엄성이 중시되었다. 현재 남아 있는 12천수는 히로사키성弘前城, 마츠모토성松本城, 마루오카성丸岡城, 이누야마성犬山城, 히코네성彦根城, 히메지성姫路城, 마츠에성松江城, 빗추마츠야마성備中松山城, 마루가메성丸亀城, 마츠야마성松山城, 우와지마성宇和島城, 고치성高知城 이다.

샤치호코鯱

몸은 물고기, 머리는 호랑이, 꼬리는 항상 하늘을 향하고 있으며 배와 등에는 날카로운 돌기가 있는 상상의 동물이다. 기와, 나무, 돌 등의 재료로 제작하며 성의 지붕에 금박을 입혀 장식한다. 이를 킨노샤치호코金鯱라고 부른다. 나고야성의 킨노샤치호코가 가장 유명하다. 불이 났을 때 물을 뿜어 끈다는 의미가 있어 건물의 수호신이라 불린다.

히메지성姫路城

1993년 12월 11일에 문화유산으로 등록되었으며 효고현兵庫県에 위치한 성이다. 1600년~1609년에 도쿠가와 이에야스徳川家康의 사위 이케다 테루마사池田輝政가 건설한 일본 성이다. 해발 약 45m인 히메지산에 자리 잡고 있으며 약 15m의 돌담을 쌓고 세운 평산성이다. 대천수각과 동쪽, 서쪽, 북서쪽 방향으로 소천수각들의 사이를 연결해 전체적으로 사각형의 형태를 이루고 있다. 밖에서 보면 5층이지만 실제로 7층이며 현존하는 천수각 중에 가장 크다.

히메지성 조감도(姫路城鳥瞰図)

나고야성名古屋城

도쿠가와 이에야스가 세운 성이다. 1612년에 완성되었으며 국유화하기 이전인 메이지 시대까지 도쿠가와 집안이 살았던 장소이다. 천수각에는 도쿠가와 이에야스와 관련된 자료를 전시해 놓았으며, 전망대가 있는 최상부까지는 엘리베이터로 올라갈 수 있다. 성 주변의 공원에는 2천여 그루의 벚꽃나무가 있어 봄마다 아름다운 벚꽃을 볼 수 있다.

1945년 5월 나고야 공습으로 소실되었고 14년 뒤인 1959년 재건되었다. 소실되었던 기와 위에 장식된 샤치호코도 재현되었다.

고쿄皇居

고쿄는 텐노天皇와 그 일가가 사는 왕궁으로 도쿄 중심부에 위치하고 있다. 1457년 처음 세워질 때에는 한적한 어촌이었으나 1603년 도쿠가와 이에야스가 집권한 50여 년 동안 대대적인 공사를 통해 일대의 바다를 매립하고 에도성을 축조하여 지금과 같은 모습이 되었다. 1869년 텐노 일가가 여기서 살기 전까지는 막부의 집권자가 살았고, 고쿄의 건물 중 일부는 제2차 세계대전에 파손되었다가 1968년에 재건하였다.

평소에는 투어를 예약한 사람만 들어갈 수 있으며, 1년에 두 번 신년, 텐노의 생일에는 예약 없이 들어갈 수 있다. 고쿄 외각의 산책로 고쿄가이엔皇居外

苑 에 가면 고쿄로 들어가는 입구에 안경 모양의 메가네바시眼鏡橋라는 다리가 있는데 이것이 고쿄의 상징이 되었다.

오사카성大阪城

도요토미 히데요시豊臣秀吉가 세운 일본 성이다. 도요토미 히데요시의 유물이 전시된 박물관의 기능도 하고 있다. 도요토미 히데요시는 오사카성을 건축하면서 도시 체계를 정비하여 현대 오사카의 토대를 만들었다. 힘 센 장수들이 전국에서 커다란 돌을 가져오면 돌에 이름을 새겨주거나 벼슬을 주었다는 이야기도 있다.

일본 전국을 통일한 도요토미 히데요시의 권력의 상징이었던 오사카성은 1615년 도쿠가와 이에야스德川家康가 일으킨 전투에서 파괴되고 1620년 개축 공사를 통해 10년 만에 재건되었다. 그러나 36년 후 번개를 맞아 파괴되었고 현재 천수각은 1931년 오사카 시민들이 새로 만든 건물이다.

신사神社

04

일본의 신사는 신도神道 신앙에 근거하여 만들어진 시설이다. 교회에서 예배를 하기 위한 예배당이나 가르침을 넓히고자 하는 목적이 있는 포교소와는 다른 성격을 가지고 있다. 현재는 참배나 결혼식을 위한 설비 등이 갖추어진 경우도 많지만 본래의 기능은 신사에 머무는 신에게 제사를 지내는 제사 시설이다.

도리이鳥居

도리이는 신사로 들어가는 입구에 세워져 있는 신도의 대표적 상징물이다. 신사의 경내와 속계를 구분하는 문으로써 도리이부터 신이 머물고 있는 신성한 지역임을 표시하는 기능이 있다.

과거에는 수컷 새를 신사에 봉납할 때 새가 쉬는 나무의 역할도 하였다. 두 개의 기둥 위에 가로대가 설치되어 있는 모습이며, 일본 어디에서나 도리이를 쉽게 볼 수 있는데 도리이 안쪽에는 대부분 신사가 존재한다.

도리이의 기본적인 구조는 두 개의 기둥이 서 있고 기둥의 꼭대기를 잇는 가사기笠木라고 불리는 가로대가 있는 형태이다. 가사기의 밑에 있는 두

번째 가로대는 누키貫라고 한다. 전통적으로 나무로 만들어져 있으며 주홍색을 칠한다. 고대부터 붉은색은 생명의 약동을 상징하여 화재를 막는다는 의미가 있기 때문이다. 오늘날의 도리이는 돌, 금속, 스테인리스강 등의 재질로 만들어지기도 한다.

이츠쿠시마신사(厳島神社)

시텐노지(四天王寺)

긴푸센지(金峯山寺)

히요시타이샤(日吉大社)

후시미이나리타이샤 센본토리이 伏見稲荷大社 千本鳥居

도리이는 속계[일반 세계]와 신성한 곳[신사]을 구분하는 경계이다. 이나리 신사는 상대적으로 많은 도리이를 가지고 있는데 성공한 사람들이 종종 감사하는 마음으로 도리이를 기부하였기 때문이다. 교토의 후시미이나리타이샤에는 이러한 도리이가 수천 개 존재한다.

간누시神主

간누시는 신사에서 제사 의식을 관장하는 사람으로 관리자로 볼 수 있다. 제물을 바치거나 축사를 올려 신을 받드는 일을 한다. 또한 참배하러 온 사람들의 액을 털어 주거나 결혼식을 거행하는 일도 한다.

신사의 경영에 관한 일도 하는데 오미쿠지御神籤, 오마모리お守り, 엔기모노縁起物의 매상이나 사이센賽銭에 관한 계산은 모두 간누시의 감독 하에 있다.

미코巫女

미코는 신사에서 신을 모시는 의례 행사를 맡는 여성으로 대부분 미혼이다. 원래는 신기神氣가 있는 여성들이 신의 계시를 듣고 전하는 일을 했으나 요즘에는 전문직으로서 종사하는 사람은 많지 않다. 간누시의 보조 역할로서 신사의 일을 돕는 경우가 대부분이다.

제10장
결혼 문화와 장례 문화

결혼 문화 01

일본 결혼 풍습의 변화 양상을 보면 일본의 사회 현상 또한 살펴볼 수 있다. 과거에는 가문과 가문 사이의 친소 관계, 이용 관계를 위한 결혼 형태가 존재했고, 현재는 수억 엔을 들이는 초호화 결혼부터 예식장 비용이나 신혼여행 경비를 들이지 않고 가족끼리 소규모로 진행하는 결혼식까지 다양한 결혼 형태가 존재한다.

현대에는 결혼을 하나의 의식, 예식의 의미가 아닌 그 자체를 생활의 한 부분으로서 즐기고, 그 가운데에서 의미를 찾으려는 젊은이들이 늘어나고 있다. 이에 따라 일반 결혼식과 차별되는 색다른 아이디어의 결혼식이 증가하고 있다. 수중 결혼식, 산 정상에서 하는 결혼식, 공항 결혼식 등 결혼식 장소도 다양해지는 추세이다.

결혼식의 종류

일본의 종교식 결혼의 형태는 신전 결혼식, 불전 결혼식, 기독교 결혼식으로 크게 나뉜다. 신전 결혼식도 많이 하지만 최근에는 기독교식 결혼을 선호하는 젊은이들이 크게 늘어 신전 결혼식은 90년 이후로 줄어드는 추세이다.

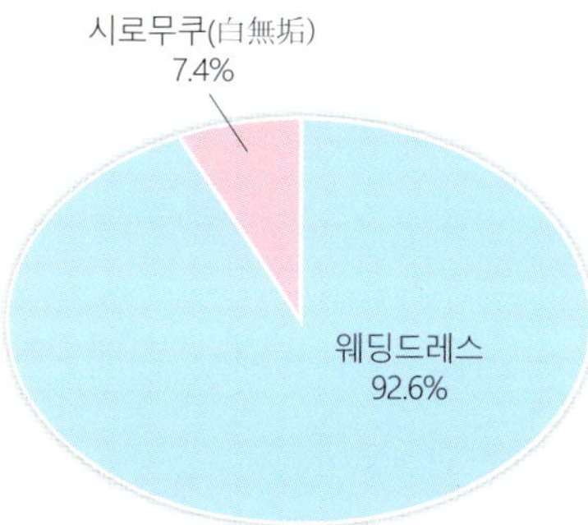

신부복 선호도

신도식 결혼

일본 신 앞에서 하는 결혼식으로 신사나 신전에서 행해지며 과거에는 엄숙한 분위기의 신사에서 행해졌으나 현대에는 호텔이나 식장 같은 곳에 임시 신전을 만들어 진행하기도 한다. 분위기가 엄숙한 만큼 중매인의 역할이 큰 결혼식이다.

신도식 결혼식의 순서는 입장, 착석, 재계의식, 제례헌찬의식, 축사, 삼배 의식, 반지 교환, 선서, 배례, 건배, 퇴장의 순서로 진행되는 것이 일반적이다.

삼삼구도三三九度

신랑과 신부가 세 개의 잔으로 하나의 잔마다 술을 세 번씩 마심으로써 총 9번 마시는 것을 의미한다. 9번 마심으로써 두 사람의 완전한 결합을 기원한다.

또한 암수 한 쌍의 나비가 정을 주고받아 드디어 누에고치를 만든다는 의미를 가지고 있어 종족 보존과 자손 번창을 기원한다.

일본의 전통 혼례복

시로무쿠白無垢는 신부의 혼례복이다. 면으로 제작된 머리쓰개인 와타보우시부터 시작해 기모노, 우치카케, 오비, 버선, 신발까지 시가의 가풍에 쉽게 물들라는 바람을 상징하여 모두 흰색으로 통일한다.

신랑은 혼례복으로 상의는 하오리, 하의는 하카마를 착용한다. 에도 시대까지 흰색을 입었으나 현재는 강한 의지를 의미하는 검은색을 입는다.

불교식 결혼

불교식 결혼은 전생에서부터 인연이 있던 남녀가 현세에 인연을 다시 맺게 된 것을 조상에게 감사하고 내세에서도 인연을 맺을 것을 맹세하는 결혼식이다. 불교에서는 부처님의 인도로 다시 인연을 맺게 되는 것이라 믿어 부처님 앞에서 결혼을 보고하고 감사드리며, 평생의 반려자로서의 인연을 맹세하는 것이 불교식 결혼의 본질적 의의이다. 절, 호텔, 결혼식장 등에 마련된 불전에서 하거나 신랑, 신부의 자택 불전에서 소박하게 진행하는 경우도 있다.

기독교식 결혼

기독교식, 서양식의 결혼은 한국의 현대 결혼식과 유사하다. 기독교 결혼식은 두 사람의 애정에 의해 성립되며 신의 축복을 받아야 한다고 믿기 때문에 혼인식 자리에서 결혼 신고서를 작성한 뒤 입회인 대표가 작성을 확인하고 참석자들에게 보여준다. 참석자 전원이 증인이 되고 대표는 중매인이 된다. 건배의 순서가 마무리 된 후 그 자리에게 피로연을 하기도 한다.

일본의 결혼 문화

일본에서는 결혼식에 가까운 친지나 친구들만을 초대한다. 초대받지 않은 사람은 참석하지 않으며, 초대장을 받은 사람은 반드시 사전에 참석 여부를 알려주는 것이 예의이다. 축의금의 경우 약 3만 엔 정도의 금액을 내고 친인척인 경우에는 일반적으로 지인보다 높은 금액을 낸다.

결혼식에 참가하기 위해서는 축의금을 준비하며, 여성은 신부보다 화려한 옷을 입지 않고 남성은 검은 양복에 넥타이를 매는 것이 일반적이다. 축의금 봉투의 매듭으로는 초무스비蝶結び와 무스비키리結び切り가 있다. 초무스비는 일반적인 경사에 사용하는 매듭이고, 무스비키리는 한 번 묶으면 절대 풀리지 않는다는 의미가 있어 결혼과 같이 두 번 있기를 바라지 않는 경우 묶는 매듭이다.

초무스비

무스비키리

피로연

피로연은 새로 사회 구성원이 된 사람이 사회로부터 승인을 얻기 위한 의례적인 접대 행위에서 유래하였다. 과거에는 마을에 새로 이사한 사람이 이를 소홀히 하면 마을에서 대접을 받지 못해 큰 불편을 겪어야 했다. 따라서 피로연은 다수의 마을 구성원들의 참여가 필요했고 성대하게 하는 것이 일반적이었다. 이것이 결혼식에 도입되어 친족이나 가까운 사람들에게 결혼 사실을 밝히는 것이 현재의 피로연이다.

히키데모노引出物

일본의 경우 결혼식에 참석한 것에 대한 감사 표시로 히키데모노라는 선물을 결혼식이 끝날 때 참석자들에게 준다. 식기 세트부터 선물을 고를 수 있는 상품 교환권과 같은 다양한 선물을 준비한다.

(PLUS) 화려한 결혼 하데콘派手婚과 수수한 결혼 지미콘地味婚

예물 교환, 결혼식, 피로연, 허니문 등의 결혼 비용은 약 800만 엔 정도이다. 하데콘이라 불리는 호화 결혼의 평균 비용은 약 1,000만 엔 이상으로 결혼 당사자 부모의 원조로 이루어지는 경우가 많다. 하지만 버블 붕괴 이후 결혼 비용 절약을 위해 혼인 신고만 하는 커플도 있는데 이런 결혼을 지미콘이라 부른다. 지미콘에 대해 부모와 지인들에 대한 결례와 계획성 결핍이라는 주장도 있으나 1995년 나가메 아사토시永瀬正敏, 고이즈미 쿄오코小泉今日子 커플과 같이 유명 커플들이 반지 하나만으로 결혼식을 올려 지미콘의 모범이 됨으로써 유행이 시작되었다.

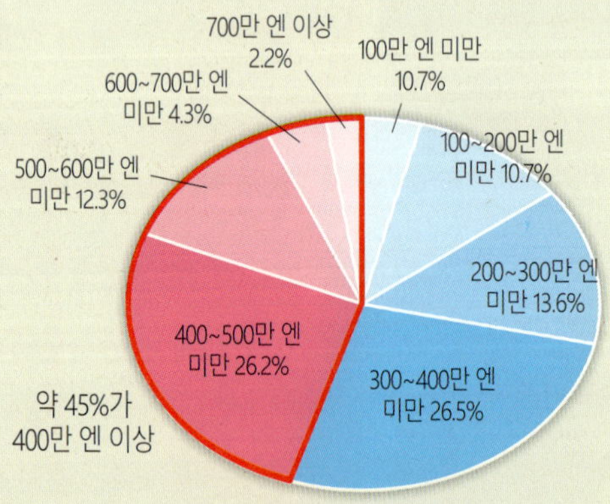

결혼식, 피로연, 파티 총액 금액별 비율(전국 추정치)

02

장례 문화

일본의 장례식은 오츠야通夜, 장례葬儀, 고별식告別式, 초칠일初七日, 49재 四十九齋, 일주기一周忌의 순서로 진행되는 것이 일반적이다.

사망자가 나오면 유족이 깨끗한 옷으로 갈아입고 24시간 동안 유해를 지키는 것이 오츠야通夜이다. 집 현관에 기중忌中이라는 표시를 하고 스님에게 부탁하여 고인의 계명을 짓는 것이 순서이다.

전통적으로 49일까지는 1주일 단위로 스님을 집으로 초청하여 고인의 명복을 빌었으나 현재에는 초칠일, 35일, 49일 3회 공양을 한다. 마지막 49재 행사를 갖고 이때 방문객에게 감사 편지를 보낸다.

일반 사람들은 고별식에만 참가하고 고별식에서 분향, 헌화를 하며 유족에게 위로의 말을 건넨다. 조문 시간은 정해져 있으며 일반적으로 오후 6시~10시까지 머물고 돌아가며 밤을 지새우지 않는 것이 기본이다.

고덴香典

고덴은 조의금을 의미하며 고인에게 바치는 돈이다. 금액은 1만 엔 정도이고 전용 봉투에 넣어 고별식 접수처에 낸다. 돈은 상대방과의 관계나 깊이에 따라 3,000엔, 5,000엔, 만 엔, 삼만 엔 등 홀수로 낸다.

제11장
종교 문화

일본의 종교 01

일본의 고유 종교는 신도神道이다. 일본의 총 인구는 약 1억 2,685만 명인데 이 중 약 1억 200만 명 정도를 신도神道의 신도 수로 추정하고 있다. 그 외에도 고대에 들어온 불교, 근세의 기독교, 이슬람교 등이 있는데, 기독교 신도 수는 약 200만 명이고, 불교의 신도 수는 약 7,700만 명인 것으로 보아 일본은 신도와 불교의 국가라고 할 수 있다. 신도와 불교의 신도 수를 합치면 일본의 총 인구수를 넘게 되는데 이는 일본에서는 신불습합神佛習合이 일반적이기 때문이다. 신불습합이란 신도와 불교를 확실하게 구분하지 않는 것을 의미한다. 그러므로 신도와 불교의 종교행사를 종교로 인식하지 않고 참여하는 경우가 많다. 이는 일본인들은 특정 종교를 가지고 있다기보다는 관습화, 생활화되어 있는 경우가 많기 때문이다.

세계 가치관 조사에 의하면 '현재 가지고 있는 종교가 있습니까?'라는 질문에 답한 일본인 중에 '종교를 가지고 있다'라고 답한 일본인은 37.8%였고, 그 중 불교가 31.4%를 차지했으며, '종교를 중시하고 있습니까?' 라는 질문에 '그렇다'라고 답한 사람은 21.3%로 조사 대상 23개국 중 2번째로 낮은 비율을 보였다. 이 조사를 보았을 때 일본인들의 생활에 종교 문화는 상당히 녹아 있지만 종교 의식 자체는 전반적으로 낮다고 할 수 있다.

일본인들의 종교 의식은 낮다고 할 수 있지만 일본인들이 '종교를 가지지 않는다'라고는 단언할 수 없다. 최근 신사, 절, 교회에 참배를 전혀 가지 않는 사람을 조사했을 때 그 비율은 11%밖에 되지 않았다. 그만큼 일본인의 생활은 종교 행위와 밀접하게 연결되어 있으며, 일생의 중요한 순간마다 종교 의식을 행하고 있다는 것을 볼 수 있다. 출생 의식, 결혼식, 장례식 모두 종교 의식인 불교, 신도, 기독교식으로 다양하게 치른다.

신도神道와 신사神社

일본의 신도神道

일본의 신도는 명확한 교의가 없으며 엄밀한 입교 규정 또한 없다. 가미다나神棚의 설치, 신사에 기부, 행사 참가 등을 한다면 신도의 신자로 생각한다.

신도란 일본 고유의 민족 신앙이다. 종교라기보다는 조상의 유풍에 따라 신을 받들어 모시는 국민 신앙이라고도 할 수 있으며 애니미즘의 일종으로 본다. 신도에서 말하는 신은 무수히 많고 각 신사마다 모시고 있는 신이 다르다. 과거에는 자연현상, 자연물을 신으로 삼았으나 시간이 흐르면서 선조를 신으로 삼고 있다. 따라서 신도에는 특정한 교조教祖와 교전教典이 없다.

신사神社

신사는 일본이 국교로 내세운 신도의 사당을 의미한다. 즉 신도의 신에게 제사를 지내고 모시는 장소가 신사이다. 입구에는 신사의 영역임을 나타내는 도리이가 있고, 안으로 들어가면 몸을 정결하게 하기 위해 손을 닦는 쵸즈도코로手水所가 있다. 그 외에 신을 모시는 본전과 여러 부속 시설이 있다. 신전은 본전과 배례전으로 되어 있으며 대부분 목조 구조이다. 정월에는 대부분의 신사가 하츠모데의 참배객으로 붐비며 이 시기 외에는 아이의 무병장수를 기원하는 오미야마이리お宮参り, 시치고산七五三 등을 축하하기 위한 참배를 한다. 이 외에도 결혼식을 거행하거나, 소원을 기원하고자 할 때에도 간다. 이와 같이 신사는 일본인의 생활과 밀접하고 중요한 장소이다.

신사에 대한 호칭은 신사 이외에도 신궁神宮, 대사大社, 사社 등의 호칭이 있다. 이 중 '신궁'은 특히 황실과 관계가 있는 신을 모신 신사를 말한다. '대사'는 옛날 신사의 자격을 대중소로 나누었을 때 자격을 받았던 신사를 의미한다. '사'는 큰 신사로부터 제신을 받아 소규모로 모시는 신사를 말한다.

이츠쿠시마신사(厳島神社)

이세신궁 (伊勢神宮)

가미다나神棚

가정이나 사무실 등에서 신을 모시기 위한 선반, 제물상으로 신도 제의에 사용된다.

일본의 불교

6세기 일본으로 전래된 종교이다. 일본 불교의 대부분은 대승 불교이며 종파 중에서도 정토종淨土宗과 일련종日連宗이 특별히 큰 종파이다.

일본 불교의 특색

일본 불교의 특색으로는 크게 3가지가 있다. 첫 번째는 일반 사람들에 대한 자비와 이타행의 실천을 중요시하는 것이 대승 불교의 기본이기 때문에 일본의 불교는 신앙과 현실의 생활을 결부시키는 재가 불교의 성격이 강하다. 두 번째 엄격한 종파 불교이다. 천태종, 정토종, 정토신종, 진언종, 선종, 일련종같이 다양한 종파가 존재하고 종파가 다르면 본존불이 다른 것은 물론이며 가람 배치의 양식, 가사의 색깔과 모양, 독경의 음률까지 다르다. 세 번째 불교학에 대한 연구 열의가 크다. 열의가 큰 만큼 성과 또한 높은 편이다. 각 종파가 세운 4년제 대학은 10개가 넘고 2년제 단기대학 또한 상당한 숫자가 있다. 불교 학자의 숫자도 상당수에 이르며 대학의 강사급 이상으로 구성된 인도학, 불교학 회원은 약 3천 명에 이른다.

일본의 대표 사찰

동대사(東大寺)

금각사(金閣寺)

법륭사(法隆寺)

청수사(靑水寺)

불단仏壇

부처를 모시는 일종의 제단이다. 일본의 경우 가미다나와 불단이 나란히 놓여 있는 경우가 많은데 이는 일본의 신도와 불교의 융합을 의미한다.
공식적으로 일본에 불교가 도입된 시기는 538년 백제 성왕 때이다. 도장道藏이 불상과 경전을 가지고 일본에 건너가 성실종成實宗의 개조가 된 것이 시작이다.

당시 백제는 일본과의 접촉이 빈번하였고 역법, 천문, 지리 등을 일본에 전하였으며 혜총惠聰, 도림道琳, 담혜曇慧, 혜미慧彌 등과 같은 뛰어난 고승들이 일본에 건너가 불교 문화 발달에 크게 공헌하였다.

일본 불교의 초석을 다진 인물은 성덕태자聖德太子, 574-622이다. 그는 스승이었던 고구려 스님 혜자惠慈의 가르침에 따라 국가 체계를 정비하고 불교를 국가 통치 이념으로 택하였다. 성덕태자가 제정한 17조의 헌법은 불교 이념이 근간이며 삼보三寶에 귀의할 것이 명시되어 있다. 일본에서는 성덕태자를 일본 불교의 교조로 평가하면서 태자를 존중하는 신앙으로까지 발전하였다.

성덕태자

신도와 불교

부처의 가르침으로 깨달음을 얻고 해탈의 경지에 오르는 불교에 반해 신도는 신을 받들어 모신다는 점에서 차이점이 있다. 불교에서 부처는 신이 아니라 선각자나 스승의 위치에 가까운 존재이다. 그러나 신도에서는 선조나 자연 숭배를 통해 풍요를 기원하지만 수행을 위한 교조教祖와 교전教典이 없다.

일본의 기독교

일본의 기독교는 프란시스코 사비엘이 1549년에 전래하였다. 그는 포르투갈선을 타고 가고시마鹿児島에 상륙했다. 현재의 일본 기독교 신도 수는 인구의 0.8%이다. 해외에서 일본에 유입된 종교 중 불교에 이어서 2번째로 큰 종교이나 일본은 신도와 불교의 영향력이 강하므로 많은 신도 수는 확보하지 못하고 있다.

1612년 도쿠가와 이에야스에 의한 기독교 금지령이 내려졌으나 쇄국 정책이 끝나고 메이지 유신과 함께 외국과 대등해지기 위한 다양한 개혁이 일어났다. 이에 따라 당시 완전하지는 않지만 신앙의 자유가 인정되었고 기독교의 신도 수가 늘어나기 시작했다.

일본의 신흥 종교

일본에는 수많은 신흥 종교가 존재한다. 제2차 세계대전 이후에 새로운 종교가 줄지어 생겨났고 현재 그 숫자만 10만 개 이상이다. 대표적인 신흥 종교로는 천리교, 창가학회가 있으며 현대에는 이전과는 다른 일반 시민에게 위협이 될 수 있는 종교까지 등장하였다.

창가학회創価学会

일본의 승려 니치렌日蓮의 불법佛法을 신앙의 근간으로 하는 종교이다. 1930년 11월 18일 마키구치 츠네사부로牧口常三郎가 초대 회장이 되었으며, 가치를 창조한다는 뜻의 창가교육학회로 시작되었다. 1970년대 중반에는 회원 수가 780만 이상이었으며 현재는 약 1,000만으로 집계되고 있다. 평화·문화·교육을 이념으로 다양한 문화 운동, 교육 운동, 평화 운동 등을 전개하며 세계 평화 실현을 목표로 하고 있다.

천리교 天理教

천리교는 일본 신도 13개 교파 중 하나이다. 교조는 나카야마 미기中山みき라는 여성이며 1838년 설립되었다. 천리교 본부가 위치하고 있는 덴리시天理市는 교회 수 17,000개, 신도 수 235만이 넘는 종교도시이다. 덴리시에 있는 덴리대학天理大学과 여러 학교 도서관, 체육 시설 등에서도 종교 활동이 진행되고 있다.

신흥종교의 폐해

신흥 종교의 폐해로는 옴진리교가 대표적이다. 1995년 3월 20일 옴진리교 신도들이 도쿄 지하철 5개 전동차 내부에서 교주의 종말론 예언 실현을 위해 옴진리교 교주의 지시를 받아 맹독 가스인 사린을 살포하는 옴진리교 가스 테러 사건이 발생하였다. 이 테러로 불특정 다수의 시민들이 살상당하는 등의 큰 문제가 있었다. 그 이후 숨어 지내던 옴진리교 교주 아사하라 쇼코가 체포되었으며 2006년 사형 판결이 확정되었다.

엔기모노 縁起物

02

엔기모노란 건강, 안전, 사업 번창, 학업 등 행운이 있기를 바라며 길조를 상징하는 물건들을 의미한다.

시치후쿠진七福神

가내 안전, 번영, 금전, 입신양명 등 복을 주는 것으로 믿는 일곱 신을 시치후쿠진이라 한다. 여러 장식이나 그림에 시치후쿠진을 그려 행복을 기원한다.

다루마だるま

달마 대사의 좌선 모습으로 만든 오뚝이이다. 인내와 노력, 상점의 번창, 선거의 당선, 시험의 합격을 기원하는 엔기모노이다.

마네키네코招き猫

마네키네코는 앞발을 하나 들고 있는 고양이상이다. 고양이가 뭔가를 부르는 동작을 연상시키며 오른발을 들고 있으면 돈, 왼발을 들고 있으면 손님을 부른다고 한다.

마네키네코의 유래

고양이는 농작물이나 누에를 먹는 쥐를 퇴치하기 때문에 예로부터 양잠업을 하는 곳의 엔기모노였다고 한다. 현대에 이르러 손님과 돈을 부르는 사업 번창의 상징인 엔기모노가 되었다. 다양한 마네키네코의 유래가 전해지고 있으나 대표적으로 도쿄 고토쿠지豪徳寺의 주지 스님 이야기가 있다. 길을 지나가던 영주가 절 앞에서 손짓을 하는 고양이의 모습을 보고 절로 따라 들어갔는데 영주가 있었던 그 장소에 벼락이 쳐서 목숨을 구했다는 이야기이다. 그 외에도 에도 시대 요시와라吉原 우스구모薄雲의 이야기 등 다양하게 전해지고 있다.

마네키네코 색깔과 장신구의 의미

가장 인기 있는 마네키네코는 삼색 마네키네코이다. 그 외에도 흰색, 검은색, 붉은색, 금색, 분홍색 등이 있는데 흰색은 순수함을 의미하며 복을 부르고, 검은색은 희소하며 악을 물리치거나 스토커를 쫓는 용도로 사용한다. 붉은색은 악, 병마를 막으며 금색은 돈, 분홍색은 사랑을 부른다고 믿는다.

에도 시대 중반까지 상류층의 전유물이었던 고양이는 매우 비싼 애완동물이었기 때문에 붉은색 목걸이와 방울을 채워 잊어버리지 않도록 하는 것이 일반적이어서 마네키네코들도 방울 모양의 장식을 하고 있다. 붉은 목걸이 앞에 에이프런은 어린이의 평온한 성장을 기원하고자 하는 의미가 있으며 일부 마네키네코는 에도 시대의 금화인 고반ごばん을 가지고 있는데, 이는 부귀영화를 상징한다.

제12장
대중 문화

01 음악
02 파칭코パチンコ
03 만화 · 애니메이션アニメ
04 청년 실업
05 서브컬처

음악

01

엔카演歌

일본의 대중가요를 대표하는 장르이다. 애조를 띤 독특한 멜로디와 '고부시'라고 하는 가락이 특색이다. 사랑, 인생무상, 외로움, 이별, 여자의 눈물, 방황 등 인생의 어두운 부분을 주제로 하는 것이 주류이다. 인생의 허무함을 느낄 때, 사랑에 실패했을 때, 고향의 향수를 느낄 때, 위안을 얻고자 하는 심정을 노래한 엔카가 많다.

미소라 히바리(美空ひばり), 엔카의 여왕이라 불리며 여성 최초로 국민영예상 수상

이와사 미사키(岩佐美咲), 엔카 가수로 데뷔한 걸그룹 AKB48의 멤버

일본의 고도 성장기인 1950~1960년대에 경제 성장을 뒷받침한 노동력은 대부분 농촌 출신 젊은이들이다. 금의환향을 꿈꾸며 험난한 인생을 살아가는 그들의 노래가 엔카 가사에 많이 담겨 있다. '북', '북으로', '북쪽' 등의 단어가 들어 있는 곡명이 많다. 북쪽은 산악 지대가 많고 공업화가 늦은 지역으로 기타간토北関東, 도호쿠東北, 호쿠리쿠北陸, 홋카이도北海道 등 지방에서 도시로 유입된 인구가 많기 때문이다.

엔카는 메이지 시대 이후에 크게 유행하였고 일본인의 애수를 담고 있다. 한국의 트로트 가수들이 일본의 엔카 가수로 진출하는 경우도 있다.

J-POP

YUI, 한국에도 잘 알려진 일본의 싱어송라이터

일본의 대중가요를 의미하며 1970년 일본어를 록 음악에 접목시켜 J-rock이 탄생하였다. 1980년대에는 가사보다 사운드 중심의 음악을 지향하는 성향이 나타났고, 밴드 붐이 일어나면서 인디밴드들이 주목을 받았다. 1990년대에 들어서서 다양한 장르로 대중가요가 발전하기 시작했고, 우타다 히카루宇多田ヒカル는 R&B 음악을 일본어로 성공시켰다. 그 이후에 싱어송라이터나 아이돌그룹이 성행하였다.

일본의 한류 열풍과 K-POP의 영향

일본에 전시된 배용준 밀랍 인형

일본에서의 한류 열풍은 대중음악, 영화, 예능, 드마라 등 현대 문화 산업의 전 영역으로 확대되면서 신드롬의 차원을 넘어 집단적 신화로 자리 잡고 있다. 이 한류 열풍의 시작은 배용준을 필두로 한 욘사마 열풍이었고, 이 여파로 인하여 다른 배우들도 일본으로 진출할 수 있는 계기가 확대되었다.

한국에서 제작된 배용준의 드라마는 프로그램 수출가가 편당 한화 2,200만 원으로 사상 최고액이었다. 20부 전체 수출가로는 4억4천만 원이었다. 2003년 4월 위성방송 NHK-BS2에서 방영되었는데 입소문을 타고 선풍적인 인기를 끌어 2004년 4월 지상파 방송인 NHK종합으로 옮겨 방송되면서 일본 내에서 한류 신드롬을 일으키는 큰 역할을 하였다.

드라마에 등장했던 여러 명소들은 팬들의 열광적인 사랑으로 인해 관광지역이 되었고, 드라마의 명소는 연간 110억 원이라는 수익을 올렸다.

파칭코パチンコ

02

일본 최대의 레저 산업 중 하나로 도박성이 있는 놀이이다. 파칭코를 즐기는 일본 사람은 약 1,450만~3,000만 명 이상으로 예상된다. 업소만 17,000곳이 넘으며 종업원 수만 30만 명 이상이다. 연간 매출액은 30조 엔 이상으로 추정되며 월간 파칭코 전문 잡지의 발행 부수는 200만 부 이상이다.

파칭코의 유래와 어원

파칭코는 1920년대에 서양의 게임 문화에서 전해져 그 시기부터 오랜 발전을 통해 일본의 놀이 문화로 자리 잡았다. 파칭코라는 명칭은 게임을 할 때 발생하는 마찰음에서 나온 의성어라는 견해가 일반적이다. 파칭코의 쇠구슬을 당겼다 쏘는 게임 방식이 새총과 유사하여 일본어의 새총을 뜻하는 파칭코라는 단어를 사용했다고 한다. 도심 이곳저곳에서 아침 영업 시간 전에 많은 사람들이 줄 서 있는 광경을 자주 볼 수 있다. 좋은 자리에 앉기 위해 남녀노소가 기다리는 풍경 또한 흥미로운 광경이다.

현재 일본 파칭코 업계는 재일 한국인이 운영하는 점포가 60% 이상이다. 거리에는 화려한 네온사인과 매우 소란스러운 음악이 흐르는 점포들이 눈에 띄는데 이런 가게들을 '파칭코야'라고 한다. 마루한이라는 회사는 재일교포 한창우 회장이 설립한 최대 규모의 파칭코 회사로 연 30조 원대의 매출을 자랑하고 있다. 파칭코는 재일 한국인이 기반을 잡고 있는 사업이라는 특징이 있으며, 민간단체 재일한국상공회의소에 소속되어 있는 만 개의 업체 중 70%가 파칭코 산업이다. 최근에는 파칭코의 이미지 변화로 인해 일본 기업들이 다수 참여하고 있다.

과거에는 3D 직종이라고 불릴 만큼 사업의 성격상 폭력조직과 연관되는 일이 많았으나 일본 경제가 고도의 성장기를 마치고 파칭코 산업도 크게 성장하였다. 정부의 경품 교환소 관여, 폭력단 방지법, 선불 카드의 보급 이후 탈세 의혹 등 부정적 이미지가 개선되었고, TV 광고에서도 흔히 접할 수 있게 되었다. 한류 붐이 일어나면서 파칭코 산업에서도 한류가 등장하기 시작했다.

만화·애니메이션 アニメ 03

만화漫画

MANGA라는 단어는 일본 만화에 국한하여 사용되는 말이다. 주간 챔프, 주간영점프 등 성인들이 즐겨보는 만화 잡지의 종류가 다양하며, 소년매거진, 월간소년챔피언 등 아동 대상의 잡지나 만화책도 다수 발행되고 있다. 만화 잡지는 에도 시대 말기 영국인에 의해 일본에서 최초로 발행되었다.

메이지 시대 말부터 다이쇼 시대 사이에 만화라는 명칭이 탄생했으며 다음과 같이 발전하였다.

제2차 세계대전 후
- 4컷 만화의 인기
- 스토리에 비중

1960년대
- 극화의 시대 도래
- 소년 주간지의 증가

1970년대
- 소년 만화의 새로운 흐름
- 만화 전문 잡지 등장

70년대부터 80년대에 이르기까지가 소년소녀만화의 번성기로 만화의 애니메이션화, 드라마화가 되기 시작한 시기이다. 현대에도 일본의 만화는 일본 자국 내에서 뿐만 아니라 해외까지도 크게 영향을 주고 있다. 1억 부 판매를 돌파한 만화는 도라에몽, 드래곤볼, 명탐점 코난 등이 있고, 원피스라는 만화는 5억 부 이상 판매할 만큼 성행한 만화이다.

애니메이션アニメ

애니메이션은 일본식으로 줄여 '아니메'라는 용어를 많이 사용한다. 움직이는 만화 영화를 의미하며 일본에서는 일주일에 70편 이상의 애니메이션이 방송된다. 1906년 미국, 1908년 프랑스에서 시작되어 다이쇼 시대경부터 일본에도 등장하기 시작했다.

다이쇼 시대
- 애니메이션 제작 시작

1958년
- 텔레비전 방송 시작

1963년
- 일본 최초의 텔레비전 프로그램 탄생

1990년대 이후
- 시청자층 확대

극장판 애니메이션

1970년대부터 수많은 극장판 애니메이션이 제작되었다. 애니메이션이 크게 성행하면서 극장에서 영화처럼 단편 애니매이션이 상영되었다. 1980

년대부터 예술 작품으로서 인정받기 시작했으며, 1989~2001년 더 많은 극장판 애니메이션이 등장하였다. 현재는 애니메이션을 극장판으로 단편화해서 만드는 것뿐만 아니라 실제 배우를 고용해서 실사화하는 것이 추세이다. 원본 애니메이션의 특징을 잘 살려내는 것이 중요하며 기존 원작 팬층이 상당하기 때문에 유명 작품을 실사화하는 경우 많은 상영 인원을 확보할 수 있으나 원작의 느낌을 잘 살려내지 못하는 경우 혹평을 받는 경우도 있다.

지브리 스튜디오와 미야자키 하야오宮崎駿

지브리 스튜디오는 일본의 애니메이션 제작자 미야자키 하야오가 이끄는 애니메이션 스튜디오이다. 주요 사업으로는 애니메이션 위주의 영상과 작품의 기획 및 제작이 있다. 이웃집 토토로となりのトトロ, 월령공주もののけ姫, 센과 치히로의 행방불명千と千尋の神隠し, 하울의 움직이는 성ハウルの動く城 등 여러 극장판 애니메이션을 흥행시킨 제작사이다.

미야자키 하야오는 1941년 1월 5일 도쿄에서 태어났으며 1984년 지브리 스튜디오를 설립하였다. 애니메이터 출신으로 제작 준비 단계부터 이미지를 대량으로 그려 시나리오 없이 콘티와 동시 진행하여 작품을 제작한다. 미야자키 하야오는 애니메이션계의 거장으로 평가받고 있다.

이웃집 토토로となりのトトロ

작품 배경은 1955년 일본이며 사츠키와 4살 먹은 여동생 메이가 시골로 이사를 오고 숲 속에서 도토리나무 요정인 토토로를 만나면서 벌이지는 모험을 그린 작품으로 지브리의 대표작이라고 할 수 있다. 한국에서 모르는 사람이 없을 정도로 흥행한 작품이다. 1988년 개봉 당시에는 관람객수가 80만으로 흥행이 저조하였으나, 1989년 니혼 텔레비전 금요일 로드쇼에서 방영되면서 매회 시청률 23%의 엄청난 인기를 얻었고 토토로 캐릭터 상품의 판매가 호조되었다.

월령공주もののけ姫

인간의 발전과 욕망을 위해 자연과 싸우는 에보시와 자연을 지키기 위해 인간과 싸우는 모노노케히메, 모노노케히메를 좋아하며 인간과 자연의 공존을 모색하는 아시타카의 이야기이다. 자연의 소중함을 강조한 작품이며 일본을 배경으로 한 판타지를 만들고자 한 미야자키 하야오 감독의 애니메이션이다.

센과 치히로의 행방불명千と千尋の神隠し

애니메이션 최초로 베를린 영화제에서 금곰상을 수상하고 관객 2,400만 명을 동원한 일본영화 사상 최고의 흥행 기록을 세운 애니메이션 영화이다. 영화 중 가오나시라는 캐릭터가 등장하는데 자기 목소리를 내지 못하고 대인 관계를 어려워하는 존재이다. 이런 특성 때문에 할로윈 데이에 한국에서도 가오나시 코스프레를 한 사람을 많이 볼 수 있을 정도로 사랑받는 캐릭터이다.

하울의 움직이는 성ハウルの動く城

18세 소녀 소피는 마녀의 저주를 받아 90살 할머니가 된다. 황무지를 헤매다 하울의 움직이는 성의 가정부가 되어 겪게 되는 이야기다. 2004년 일본에서 개봉하였으며 영국 웨일즈 출신의 다이아나 윈 존스가 쓴 판타지 소설 '하울의 움직이는 성'이 원작이다. 영화에 등장하는 전쟁 장면은 원작에는 없는 내용으로 전쟁을 반대하는 하야오 감독의 메시지를 엿볼 수 있다.

청년 실업

04

프리터フリーター

프리터는 일본에서 정규직 이외에 취업 형태아르바이트 등로 생계를 유지하는 사람을 의미한다. 프리 아르바이트의 일본식 줄임말이다. 프리랜서는 특정 기업이나 단체, 조직에 전담하지 않고 자신의 기술과 능력을 이용하는 독립적인 개인 사업자를 의미하기 때문에 프리터와 구분된다. 1987년 일본의 한 리쿠르트 회사가 학생 아르바이트가 아닌 사회인 아르바이터를 지칭하는 말로 구인 잡지에 처음으로 프리터라는 단어를 사용하였다.

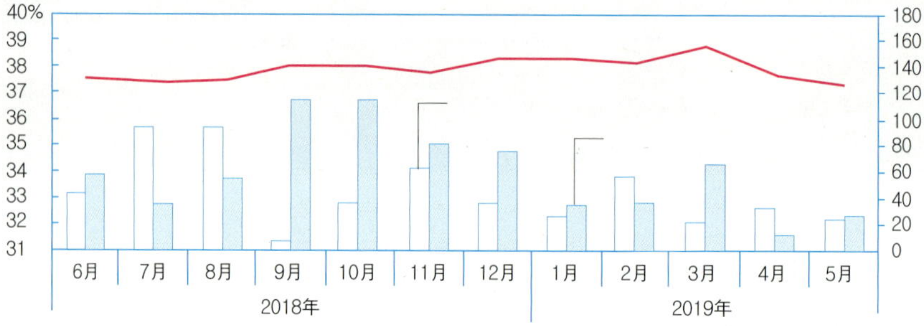

출처 : 총무성

일본 정규직과 비정규직 추이

니트족ニート

나라에서 정한 의무 교육을 마친 뒤에도 진학과 취직을 하지 않으면서 직업 훈련도 받지 않는 사람을 의미하는 말이다. 니트족이라는 말은 영국 정부가 1999년에 작성한 조사 보고서에서 유래한 말이다. 이 보고서에는 16~18세의 청소년을 의미하나 일본에서의 니트족은 연령이 정해져 있지 않다. 니트족은 청년 무직자 문제 자체를 표현하는 말로 사용되고 있으며, 일본의 출판사 이와나미쇼텐岩波書店에서 간행하는 일본어 사전 고지엔広辞苑의 2008년 6판에 니트족이라는 단어가 수록되었다.

프리터와 니트족의 의미가 유사할 수 있으나 두 집단의 결정적 차이는 정식 조직에 속하고자 하는 의지의 유무이다. 프리터는 취직을 준비하는 과정에서 아르바이트를 하는 집단이지만, 니트족은 취직할 생각 없이 생계의 유지를 위해서 살아가는 집단을 의미한다. 프리터와 니트족들이 늘어남에 따라 일본의 고용 시장에서는 인력난을 겪고 있다. 이로 인한 문제점을 해결하고자 일본 정부는 여러 정책을 제시하고 있다.

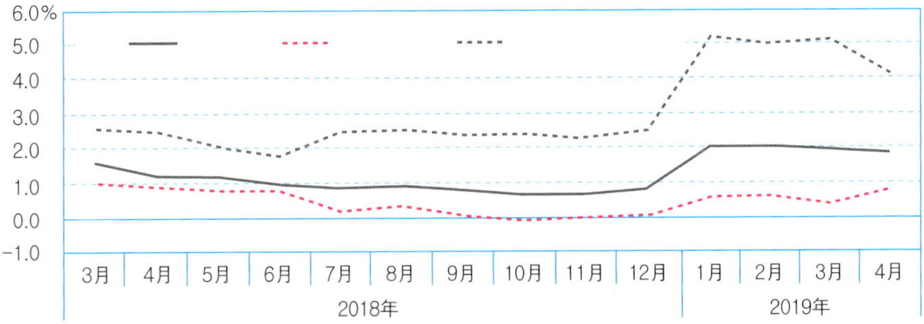

출처 : 후생노동성

상용고용지수의 추이

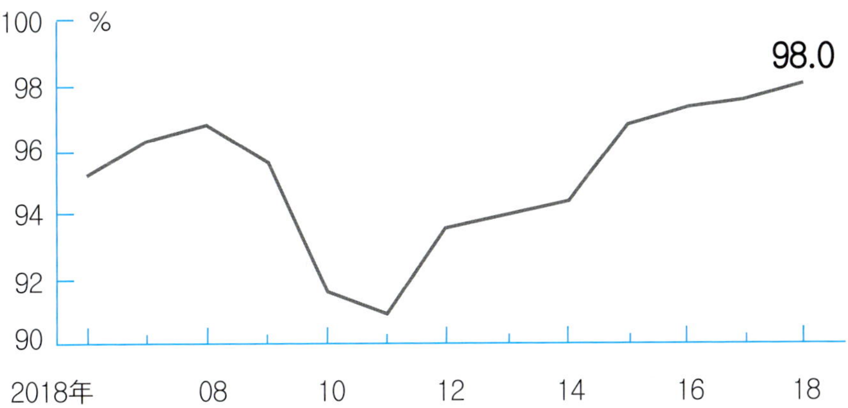

출처 : 니혼게이자이신문

일본 대졸자 취업률 추이

서브컬쳐

05

서브컬쳐는 '변두리 문화', '주변 문화', '부분 문화', '소수 문화' 등으로 번역이 가능하다. 대다수 사람들의 문화가 아니라 일부 사람들의 문화라고 할 수 있다. 반대말은 Co-culture로 공통 문화, 중심 문화라고 할 수 있다. 서브컬쳐는 만화, 애니메이션, 게임, 컴퓨터 등을 의미하는데 현대에 와서는 서브컬쳐의 의미가 퇴색되었다. 만화, 애니메이션, 게임, 컴퓨터 등을 소수의 문화라고 말하기 어렵기 때문이다.

그러나 오랜 시간 서브컬쳐로 통용되었기 때문에 관용적인 표현으로 사용한다. 소수의 문화라고 불리기 어려울 만큼 대중화된 서브컬쳐는 예술의 범주로 당당히 논의될 만큼 주류문화를 구성하고 있다.

오타쿠オタク

일본에서는 많은 사람들이 서브컬쳐에 익숙한 상태로 지내고 있다. 만화나 애니메이션은 젊은 세대에서 인기가 매우 높은 편이다. 이런 서브컬쳐에 과도하게 몰입한 사람들을 오타쿠라 지칭한다. '오타쿠'라는 단어가 공식적으로 언급된 것은 1983년이다. 일본의 칼럼니스트 나카모리 아키오中森明夫가 잡지에 게재한 칼럼에서 처음으로 오타쿠라는 단어를 사용하였다.

오타쿠는 원래 상대방, 제3자의 집을 높여 부르는 '귀댁お宅, おたく'이라는 말에서 유래하였다. 1790년대 애니메이션, 게임 등의 동호회에서 같은 장소에서 만난 매니아 층들끼리 서로를 귀댁이라 칭하면서 비롯된 것으로 추정된다.

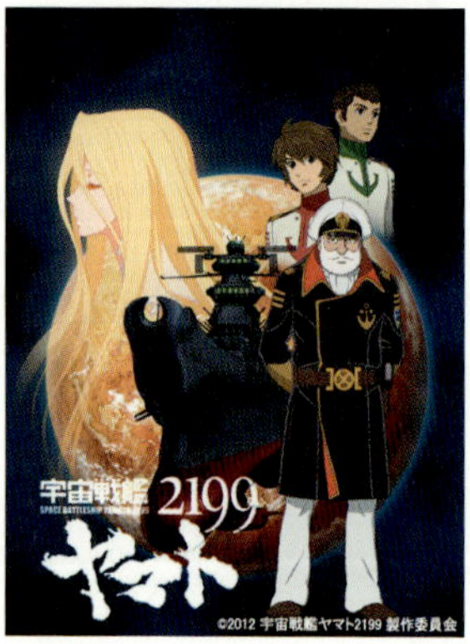

1977년 8월 극장판 '우주전함 야마토'의 개봉 당일 극장 앞에서 밤을 새서 기다리는 사람들이 화제가 되면서 많은 젊은 층들에게 애니메이션이 인기 있는 것으로 인식되었다. 1980년대 이후 애니메이션을 좋아하는 오타쿠를 '아니메 오타쿠'라고 부르기 시작하였다.

코스프레コスプレ

코스프레는 코스튬 플레이의 줄임말이다. 애니메이션이나 만화의 캐릭터, 인기 연예인들의 의상을 모방하여 입고 촬영회, 행사 등에서 놀거나 전시하는 것을 의미한다. 코스프레를 하는 사람들을 코스플레이어라고 부른다.

코스프레라는 용어는 1984년 로스엔젤레스에서 개최된 월드사이언스픽션 컨벤션에서 사용되었고, 컨벤션장의 수많은 코스플레이어들을 보고 SF잡지에서 코스튬플레이를 일본식으로 줄여 코스프레라고 표현했다. 미국 축제에서 만화 캐릭터 복장을 하는 행위가 일본으로 유입되어 만화, 게임, 영화 등의 캐릭터 분장놀이가 되었다.

메이드 카페

근대 영국에서 점원이 메이드 복장을 입은 것에서 유래된 카페이다. 과거 메이드들이 입던 복장을 종업원이 착용함으로써 고객들에게 귀족이 된 느낌을 주어 상당한 인기를 끌고 있다.

현대 메이드 카페의 시초는 1996년 발매된 "피아캐롯에 어서오세요!"라는 게임이다. 이 게임에 등장하는 가상의 레스토랑을 실제로 만들어 달라는 팬들의 성원에 힘입어 단기간 영업한 것이 현대 메이드 카페의 시초이다. 이후 2000년대에 메이드 카페에 주목한 사람들이 오타쿠의 수도라 불리는 아키하바라 등에 실제로 메이드 카페를 설립하였다.

아키하바라秋葉原

아키하바라는 도쿄 지요다구千代田区의 아키하바라역 주변과 소토칸다外神田 일대를 말한다. 축약하여 '아키바'라고도 한다. 일본 고도 경제 성장 시기에 전자기기, 하드웨어 및 소프트웨어를 취급하는 상점이 밀집한 세계 최대의 전자상가로 발전하였다. 비디오 게임, 애니메이션이 흥행하면서 애니메이션 상점, 취미 상점이 밀집한 지역으로도 유명해졌다.

AKB48

AKB48은 아키모토 야스시秋元康의 프로듀스에 의해서 2005년 결성된 여성 아이돌 그룹이다. 좁은 의미로는 도쿄 아키하바라를 근거지로 활동하는 동명의 그룹을 말하고 넓은 의미로는 나고야, 오사카, 규슈, 인도네시아, 자카르타 등을 거점으로 활동하는 모든 자매 그룹까지 말한다. 넓은 의미인 경우 관습적으로 AKB48 그룹이나 48그룹이라는 용어를 쓴다.

'만나러 갈 수 있는 아이돌' 이라는 콘셉트으로 아키하바라에 AKB 전용 극장에서 매일 공연한다. 대중 매체로만 접할 수 있었던 아이돌을 걸그룹의 성장 과정 등을 여과 없이 공개하는 등 새로운 콘셉트로 대중과의 친밀도를 상승시키고 있다.

사진으로 보는

일본과 일본문화

WORK BOOK

제1장 일본 열도의 지역과 사회

1. 빈칸에 알맞게 적으세요.

일본은 377,915㎢로 세계에서 62번째로 면적이 큰 나라이다. 북쪽으로는 오오츠크해, 서쪽으로는 동해, 남쪽으로는 동중국해, 동쪽으로는 태평양이 있다. (　　　　), (　　　　), (　　　　), (　　　　)로 총 4개의 큰 섬과 약 6,900개의 작은 섬으로 이루어진 섬나라列島이다.

혼슈는 도호쿠東北, 도쿄 근교, 도쿄 중심부, 추부中部, 간사이, 추고쿠中国로 다시 구분할 수 있다. 도쿄와 도쿄 근교 등 간토 지역을 (　　　　) 지방이라 하고 오사카, 교토 등 간사이 지역을 (　　　　) 지방이라고 부른다.

2. 해당 지역을 골라 쓰세요.

예: 오키나와 / 도호쿠지방 / 간토 / 시코쿠 / 추고쿠 / 간사이 / 홋카이도 / 규슈 / 추부

3. 다음 설명에 알맞는 단어를 쓰세요.

(1) 아오모리현青森県의 히가시츠가루東津軽와 홋카이도北海道의 하코다테函館를 연결하는 해저터널로 1988년에 개통되었다. 1961년부터 공사가 시작되었고 27년 만에 공사가 마무리되었다. 2016년 이전에는 세계에서 가장 긴 해저터널이었으나 2016년 스위스의 고하르트 베이스 터널이 개통되면서 세계에서 2번째로 긴 터널이 되었다. 이 해저터널의 이름은 무엇인가요?

( )

(2) 세토내해瀬戸内海에 걸쳐서 혼슈本州의 오카야마현岡山県 구라시키시倉敷市와 시코쿠四国의 가가와현香川県 사카이데시坂出市를 연결하는 교량이다. 1978년에 착공하여 9년 6개월의 공사 끝에 1988년 4월 10일에 개통하였다. 교량의 상부에는 4차선의 자동차도로가 있고, 하부에는 신칸센이 지나는 2층 구조이다. 다리의 길이는 약 9.3km, 고가다리를 포함하면 13km로 철도도로 병용 다리로는 세계에서 가장 긴 교량이다. 내진 설계가 철저히 되어 있어, 규모 7 이상의 지진에도 충분히 견딜 수 있도록 설계되어 있는 교량의 이름은 무엇인가요?

( )

4. 간단히 쓰세요.

(1) 오키노토리시마

(2) JR패스

제2장 연중행사

1. 다음 사진의 명칭을 괄호 안에 쓰세요.

( ) ( ) ( )

2. 빈칸에 알맞게 적으세요.

(1) 다나바타칠석는 ( )월 ( )일에 ( )短冊, 직사각형의 메모지를 준비하고 ( )에 자신의 소원을 적어 대나무 잎에 매달아 놓는 행사이다. 전국적으로 칠석 축제가 개최되면 학교, 가정, 백화점, 각종 상가 등 대니무 가지에 ( ) 장식을 만들어 축제를 만끽한다.

(2) 일본에서는 신세를 진 사람이나 감사한 사람에게 선물을 보내는 관습이 있다. 회사 상사, 단골 거래처 등에 선물을 보내는데 여름에 보내는 선물을 ( )이라고 하고 연말에 보내는 선물을 ( )라고 한다.

(3) 정월에 먹는 호화로운 음식을 ( )라고 한다. 도시가미에게 올린 맛있고 좋은 음식을 다 같이 먹고 새해의 무병, 건강 등 여러 소원을 기원하며 먹는 요리이다. 전통적인 ( )는 4단이지만 요즘은 2단, 3단으로 간소화하기도 한다.

3. 다음 설명에 알맞는 단어를 쓰세요.

(1) 새해에 문 앞에 세우는 장식물이다. 소나무와 대나무로 만들며 신이 헤매지 않고 잘 찾아올 수 있도록 하는 표시 역할을 한다고 믿는다. 크리스마스가 끝나면 새해 장식을 준비하기 시작해서 새해가 되기 이전에 장식을 마무리하는 것이 일반적이다. 이 장식물의 이름은? (   )

(2) 행운을 불러오고 액운을 쫓아낸다고 하는 일종의 부적이다. 신사나 절에서 판매한다. 교통안전, 시험합격, 무병장수, 안전출산 등의 기원하고자 구매하는 이 부적의 이름은 무엇인가요? (   )

(3) 일본의 전통 명절로 남자아이가 3살, 5살 여자아이가 3살, 7살이 되는 해의 11월 15일에 아이의 무사한 성장을 기원하고 축하하는 행사이다. 이날 부모는 아이에게 화려한 기모노를 입히고 절과 신사에서 참배하고 사진을 찍어 기념하는 날은?
(   )

4. 간단히 쓰세요.

(1) 오미소카

(2) 세츠분

(3) 도요노우시노히

제3장 의복 문화

1. 다음 사진의 명칭을 괄호 안에 쓰세요.

(   )   (   )   (   )

2. 빈칸에 알맞게 적으세요.

(1) (   )는 엉덩이나 넓적다리까지 기장이 내려가는 기모노의 외투이다. 메이지 시대 이전에는 남자만 착용했으나 현대에 와서는 남녀 모두 착용한다. 여자의 (   )는 남자의 (   )보다 길이가 더 긴 것이 많다.

(2) (   )란 폭이 넓은 바지 모양의 의복이다. 남자가 입는 예장으로 생각해 왔으나 현대에 와서는 여성도 착용하는 경우가 많다. 합기도, 검도 등과 같은 운동을 할 때 (   )를 많이 착용한다.

(3) 기모노의 허리 부분을 감싸는 허리띠이다. 기모노의 꽃이라 불리며 넓은 천으로 허리를 몇 겹 두른 후 뒤쪽에 매듭을 만든다. 다양한 종류의 오비가 있으나 현대의 일반적인 오비로 다른 오비들보다 광범위하게 사용되는 (   )오비, 남성용 기모노에 사용하는 폭이 좁고 겹으로 된 (   )오비 등이 있다.

3. 다음 설명에 알맞는 단어를 쓰세요.

(1) 미혼 여성들만이 입는 기모노이다. 우아하게 늘어진 긴 소매와 염색, 자수로 멋을 낸 화려한 무늬가 특징이다. 기모노 중 가장 아름다운 것으로 손꼽힌다. 성인식, 졸업식, 피로연 등에서 미혼 여성들이 입는 예복이다. 이 기모노의 이름은?
( )

(2) 가몬이 다섯 개가 들어간 기모노로 최고의 격식을 갖춘 남자 의복이다. 메이지 시대 이후부터 제일의 예장으로 정해져 있다. 하오리는 겉옷을 의미하며 모두 검은색을 사용한다. 가슴과 소매 쪽에 다섯 개의 가몬이 새겨져 있어야 하며, 가몬이 3개일 경우 격식의 정도가 낮아진다. 하반신에 착용하는 의상인 하카마는 세로줄 무늬를 가진 견직물이나 폴리에스테르 소재를 사용한다. 무늬가 없는 경우 약식으로 친다. 이 남성 기모노의 이름은? ( )

(3) 일본의 전통적인 머리 장식이다. 특히 에도 시대 후기에는 다양한 종류가 만들어졌다. 착용 방법으로 다양한 방식과 양식이 존재한다. 게이샤들도 많이 착용하는 장식인데 마이코는 게이코에 비해 화려한 머리 장식을 착용한다. 이 머리 장식의 이름은? ( )

4. 간단히 쓰세요.

(1) 시로무크

(2) 유카타

(3) 가문

제4장 음식 문화

1. 다음 사진의 명칭을 괄호 안에 쓰세요.

( ) ( ) ( )

2. 빈칸에 알맞게 적으세요.

(1) ( )는 프랑스 요리인 오믈렛에 밥을 넣은 음식이다. 도쿄 긴자의 양식집 렌가테煉瓦亭라는 곳에서 요리사들이 남은 식재료와 밥을 볶은 것을 계란에 덮어 먹던 것이 발전한 것이다.

(2) ( )는 에도 시대 말기 19세기 초에 등장했다. 야타이屋台, 포장마차에서 간단한 식사로 팔던 것이 발전했다. 도쿄 만에서 잡은 신선한 생선을 조리하지 않을 채로 날것을 얇게 떠서 밥에 올린 것에서 유래되었다. 에도 도쿄의 과거 명칭에서 ( ) 가 등장하였기 때문에 일반적으로 일본인들은 ( )와 ( )를 같은 스시로 여긴다.

(3) 우동으로 가장 유명한 지역은 일본 시코쿠四国 ( )香川県의 우동이다. 가장 대중적인 우동인 사누키 우동을 만드는 곳이다. ( )의 옛 지명이 ( )였기 때문이 ( ) 우동이라고 불린다. 굵고 매끈한 면발로 유명하며 국물보다 면발의 맛이 중요시 된다.

3. 다음 설명에 알맞는 단어를 쓰세요.

(1) 일본에서는 계절의 변화를 음식으로 느낀다고 생각하여 계절마다 제철의 음식을 즐겨 먹는 것을 중요하게 생각한다. 또한 일본은 요리의 맛도 중요하지만 시각적인 부분을 중요시한다. 맛보기 전에 눈으로 즐기는 것도 음식의 중요한 부분으로 생각하여 일본 요리사는 음식을 그릇에 아름답게 담아내고자 노력한다. 그러므로 계절과 음식에 어울리는 다양한 그릇을 사용한다. 생선, 채소, 과일 등이 가장 맛이 좋은 시기의 계절을 의미하는 단어는? (   )

(2) 과거에 바다와 떨어진 교토와 같은 내륙 지방의 경우 신선한 회를 먹는 것이 어려웠기 때문에 생선을 보존해서 먹었던 요리 방식이 발전해 만들어졌다. 용기에 눌러 만든 스시는 무엇인가요? (   )

(3) 간장을 국물의 베이스로 사용한 라면이다. 후쿠시마현의 기타카타喜多方 라면이 유명하다. 돈코츠豚骨 국물을 선호하지 않는 사람들이 선호하는 일본식 라면은 무엇인가요?

(   )

4.간단히 쓰세요.

(1) 사시미刺身를 와사비와 먹는 이유

(2) 관동과 관서의 우동

(3) 에키벤

제5장 주거 문화

1. 다음 사진의 명칭을 괄호 안에 쓰세요.

( ) ( ) ( )

2. 빈칸에 알맞게 적으세요.

(1) 일본 전통 건축 양식의 하나인 ( )는 다다미방 한 면에 붙어 있는 붙박이 벽장이다. 미닫이문으로 되어 있는 경우가 대부분이다.

(2) ( )는 집 안에 신을 모시는 제단이다. 집 안에 모셔 두고 공양하여 가내 안전과 가업 번창, 가족의 건강 등을 기원한다.

(3) 가미다나와 같이 집안에 놓는 제단이다. 가미다나는 신을 모시는 제단인 반면 ( )은 불상과 선조의 위패, 사진 등을 모셔 두고 조상을 공양하기 위한 제단이다.

(4) 짚을 실로 엮어 두께 약 5.5cm의 매트 모양으로 만든 후 등심초를 엮은 것이다. 일본의 전통적인 방바닥 양식이다. ( ) 1장의 크기는 180cm×90cm이다.

3. 다음 설명에 알맞는 단어를 쓰세요.

(1) 일본 고유의 건축 양식 문화로 방에 한 공간을 마련해 인형, 장식품, 꽃꽂이, 족자 등을 장식하는 공간으로 사용하는 장소이다. 벽 쪽으로 움푹 들어가 있으며 바닥이 방바닥보다 위로 올라가 있다. 손님이 오면 이 장소를 등지고 앉게 해주는 것이 최고의 대접이다. 무로마치 시대에 생긴 것으로 추측되고 있으며 각 가정의 부를 상징하는 용도로 이용되기도 하는 장소는?

(　　　　　　　　　　)

(2) 상 밑에 방열 기구를 넣고 그 위에 이불을 덮은 형태의 가구이다. 일본의 전통적인 겨울철 난방 기구는? (　　　　　　　　　　)

(3) 더운물을 넣은 용기에 커버를 씌워 사용하는 온수 손난로이다. 잠을 잘 때 이불 속에 넣어 발이나 몸을 데우는 용도로 사용하는 도구이다. 최신 난로들에 비하여 활용성과 편리성 면에서 떨어져 거의 사용하지 않았으나 최근 에너지 절약, 친환경 에너지에 대한 관심이 높아지면서 친환경 난방 기구로 다시 주목받고 있는 용기는 무엇인가요? (　　　　　　　　　　)

4. 간단히 쓰세요.

(1) 기후와 지형에 따른 주거의 특징

(2) 일본의 목욕 문화

(3) 주거의 종류

제6장 국경일

1. 빈칸에 알맞게 적으세요.

(1) 일본은 국경일을 ( )国民の祝日이라고 한다. 제정된 공식 공휴일은 16일이고 모두 양력의 형태로 지정되어 있다. 토요일이나 일요일이 축일에 해당할 경우 다음 주 월요일을 쉬는 대체 휴일 제도가 있다.

(2) 2007년부터 시행된 ( )昭和天皇의 생일을 기념하는 날이다. '격동의 나날을 거쳐 부흥을 이룬 쇼와 시대 1926~1989를 돌이켜 나라의 장래를 생각하자'는 취지로 제정되었다. 하지만 쇼와 시대의 전쟁에 대한 책임을 이유로 ( )을 국민축일로 하는 것에 대한 시위가 있다.

(3) '자연을 아끼면서 그 은혜에 감사하고 풍부한 마음을 기른다'는 취지로 제정된 날이다. 1989부터 2006년까지 4월29일이 ( )이었으나 2005년 축일법 개정으로 2007년부터 5월 4일로 변경되었다.

(4) ( )은 1948년에 공포, 시행된 국민축일에 관한 법률로 제정된 국민축일이다. '근로를 존중하고 생산을 축하하며 국민 서로 서로에게 감사한다'는 의미를 가지고 있다.

2. 다음 표를 완성하세요.

일본은 연호元号를 사용하는 국가이다. 연호는 연대年代를 칭하는 명칭이며 텐노가 바뀜에 따라 연호가 바뀐다.

메이지(明治)	1868년~
	1912년~
쇼와(昭和)	
	1989년~
레이와(令和)	

3. 다음 설명에 알맞는 단어를 쓰세요.

(1) 일본 고유의 건축 양식 문화로 방에 한 공간을 마련해 인형, 장식품, 꽃꽂이, 족자 등을 장식하는 공간으로 사용하는 장소이다. 벽 쪽으로 움푹 들어가 있으며 바닥이 방바닥보다 위로 올라가 있다. 손님이 오면 이 장소를 등지고 앉게 해주는 것이 최고의 대접이다. 무로마치 시대에 생긴 것으로 추측되고 있으며, 각 가정의 부를 상징하는 용도로 이용되기도 하는 장소는?

( )

(2) 1948년에 공포, 시행된 국민축일에 관한 법률로 제정되었다. '조상을 존경하고 망자들을 그린다'는 의미를 가진 국민축일이다. 입춘의 날과 같이 정확한 날짜가 정해져 있지 않으며 불교문화가 융합된 국민축일은 무엇인가요?

( )

(3) 일본 신화에 등장하는 일본을 건국한 진무텐노神武天皇의 즉위를 기념한 날이다. 즉위한 날은 음력 1월 1일이므로 양력으로 환산하여 2월 11일로 1967년에 제정한 국민 축일은 무엇인가요?

( )

4. 간단히 쓰세요.

(1) 골든 위크

(2) 해피 먼데이 제도

(3) 문화의 날

제7장 에도 문화

1. 다음 사진의 명칭을 괄호 안에 쓰세요.

( ) ( ) ( )

2. 빈칸에 알맞게 적으세요.

(1) 가부키의 시작은 무녀인 ( )가 1603년 신사에서 모금을 위해 넨부츠오도리를 추는 것이 흥행하면서 인기의 대상이 되었다. 이를 모방한 여성 중심의 극단이 많이 등장하였으나 매춘을 겸하는 등 풍기 문란 관련 문제가 발생하여 1629년 ( )이 내려졌다.

(2) 스모 선수들에게 연습 시간과 식이 조절은 필수적이다. 식이 조절을 위해서 먹는 음식 중 대표적인 것이 ( )ちゃんこ鍋라는 특별히 양이 많은 냄비 요리이다. ( )는 쇠고기, 배추, 파, 조개, 쑥갓, 버섯 등의 재료를 끓인 요리이다.

(3) 모든 대전을 마친 후에는 승자의 의식인 ( )를 끝으로 하루의 스모 경기를 마무리한다.

(4) 시합 성적에 따라 순위가 정해지는데 순위를 기록한 표를 ( )라고 한다. ( )에는 성적 순으로 스모 선수의 이름을 점점 작은 글씨로 작성한다.

3. 다음 설명에 알맞는 단어를 쓰세요.

(1) 나라 시대奈良時代에 중국에서 유래되었으며, 초기에는 종교적 기원의 의미를 담고 있었다. 민간에 널리 알려진 일본 전통 가면무도극의 한 장르이다. 일본에서 가장 오래된 연극은 무엇인가요? (   )

(2) 일본 중세부터 시작된 대표적인 연극으로 노, 분라쿠, 가부키와 더불어 일본의 4대 고전 연극이다. 4대 고전 연극 중 유일하게 웃음을 선사하는 희극이다. 경사스러운 분위기와 풍자적 요소를 가지고 있고 대사와 대화로 진행되는 특징이 있다. 제일 먼저 등장인물들이 자기 이름을 말하는 것으로 시작해서 대사를 크고 명확하게 발음한다. 미묘한 인간의 심리를 묘사하는 연기를 주로 구사한다. 그러므로 목소리를 높여 울고 웃는 연기, 위협하고 구애하며 추태를 부리는 연기 등을 자주 볼 수 있는 연극의 장르는 무엇인가요? (   )

(3) 일본이 세계적으로 자랑하는 전통 무대 예술이며 서민도 즐겼던 인형극이다. 노, 가부키와 함께 일본의 3대 주요 전통극 중 하나이다. 에도 시대에 발생되어 메이지 시대 이전까지는 닌교조루리人形淨瑠璃라고 했는데 에도 말기에 분라쿠좌文楽座라는 극단이 크게 흥행에 성공한 인형극은 무엇인가요? (   )

4. 간단히 쓰세요.

(1) 스모와 오즈모

(2) 다카라즈카

(3) 우키요에

제8장 다도 문화와 마츠리

1. 다음 사진의 명칭을 괄호 안에 쓰세요.

(　　　　　　　　　　)

(　　　　　　　　　　)

(　　　　　　　　　　)

(　　　　　　　　　　)

(　　　　　　　　　　)

2. 빈칸에 알맞게 적으세요.

(1) 일본차의 종류 가운데 (　　　　　　)는 그늘에서 비료 등을 사용해서 충분한 영양 공급을 하여 키운 고급 녹차이다. 재배하기 어려운 만큼 값이 비싸지만 맛과 향이 진하다.

(2) (　　　　　　)는 매년 8월 9일 전야제, 10일 ~ 11일 본공연, 12일 후야제, 전국대회로 구성되어 총 4일 동안 진행되는 마츠리이다. 고치高知 시내에서 약 18,000명이 '나루코딸랑이'라는 소리를 내는 물건을 가지고 춤을 추며 시내를 행진하는 여름 마츠리이다. 춤은 열정적이고 매우 화려하며 다채로운 의상과 안무가 가능한 자유로움이 (　　　　　　)의 매력이다. (　　　　　　)는 '밤에 오소서夜にいらっしゃい'라는 뜻을 가진 일본어의 고어 요사리코이夜さり来い를 의미하거나 고치 현의 (　　　　　　)마츠리의 축약어를 의미하기도 한다.

3. 다음 설명에 알맞는 단어를 쓰세요.

(1) 일본의 3대 축제 중 하나로 도쿄에서 열린다. 이 마츠리는 매년 5월 14일~20일에 열리며 여러 개의 가마미코시가 일시에 출발하는 특징이 있다. 도쿠가와 이에야스徳川家康가 세키가하라関が原 전투에서 승전한 것을 기념하여 시작한 축제가 기원이된 마츠리는 무엇인가요? (   )

(2) 일본 각지의 텐만구天満宮, 스가와라노 미치자네를 신으로 모시는 신사에서 개최되는 마츠리이다. 역모 죄로 억울하게 죽은 스가와라노 미치자네菅原道眞, 845~903, 일본 헤이안 시대의 학자, 한시인, 정치가를 기리는 진혼제를 기원으로 1000년 이상의 역사를 가진 유서 깊은 마츠리이다. 일본의 3대 마츠리 중의 하나이며 선상 마츠리인 것이 특징이다. 매년 7월 24~25일에 열리는 오사카의 대표 마츠리는 무엇인가요?
(   )

(3) 교토에서 열리는 3대 마츠리이며 일본의 무형 민속 문화재이다. 전염병을 퇴치하기 위한 기원제가 그 유래이다. 매년 7월 1일~31일까지 한 달 동안 진행되는 마츠리이다. 16일날 열리는 '요이야마宵山'와 17일날 열리는 '야마보코山鉾 순행'이 유명하다. 야마보코 순행은 야마보코가 모여 거리를 진행하는 것인데 이 마츠리의 상징인 야마보코는 높이 20m가 넘는 장식물이며 수레로 끄는 것이 일반적인 이 마츠리는 무엇인가요? (   )

4. 간단히 쓰세요.

(1) 가이세키요리

(2) 센노리큐

(3) 마츠리의 정신과 특징

제9장 명소와 건축물

1. 일본의 3대 절경을 쓰세요.

2. 빈칸에 알맞는 단어를 쓰세요.

(1) (   )는 신사로 들어가는 입구에 세워져 있는 신도神道의 대표적 상징물이다. 이 상징물은 신사의 경내와 속계를 구분하는 문으로써 신이 머물고 있는 신성한 지역임을 표시하는 기능이 있다.

(2)(   )는 유명한 온천 지역이며 동시에 야생 원숭이 공원이 있는 장소이다. 이와 같은 지역적 특성 때문에 겨울이 되면 온천욕을 즐기는 원숭이들을 볼 수 있는데 주민들이 이런 모습을 보고 마을 뒤 계곡에 원숭이들의 전용 온천을 만들어 주었다.

3. 다음 사진의 장소는 어디인가요?.

(1)

( )

(2)

( )

(3)

( )

4. 간누시와 미코에 대하여 간단히 쓰세요.

(1) 간누시

(2) 미코

제10장 결혼 문화와 장례 문화

1. 다음 사진에 대하여 쓰세요.

(1)

(2)

2. 빈칸에 알맞게 적으세요.

(1) 일본의 장례식은 ( )通夜, 장례葬儀, 고별식告別式, 초칠일初七日, 49재四十九齋, 일주기一周忌의 순서로 진행되는 것이 일반적이다.

(2) 결혼식에 참가하기 위해서는 축의금을 준비하며, 여성은 신부보다 화려한 옷을 입지 않고 남성은 검은 양복에 넥타이를 매는 것이 일반적이다. 축의금 봉투의 매듭으로는 ( )蝶結び와 ( )結び切り가 있다. ( )는 일반적인 경사에 사용하는 매듭이고, ( )는 한 번 묶으면 절대 풀리지 않는다는 의미가 있어 결혼과 같이 두 번 있기를 바라지 않는 경우 묶는 매듭이다.

3. 다음 설명에 알맞는 단어를 쓰세요.

(1) 일본의 경우 결혼식에 참석한 것에 대한 감사 표시로 선물을 한다. 결혼식이 끝날 때 참석자들에게 준다. 식기 세트부터 선물을 고를 수 있는 상품 교환권 등 다양하게 준비한 상품은 무엇인가요? (   )

(2) 고인에게 바치는 돈으로 금액은 1만 엔 정도이고 전용 봉투에 넣어 고별식 접수처에 낸다. 돈은 상대방과의 관계나 깊이에 따라 3,000엔, 5,000엔, 만 엔, 삼만 엔 등 홀수로 낸다. 일본어로 조의금을 무엇이라고 할까요? (   )

4. 간단히 쓰세요.

(1) 신도식 결혼

(2) 불교식 결혼

(3) 기독교식 결혼

제11장 종교 문화

1. 다음 사진에 대하여 쓰세요.

(1)

(2)

(3)

2. 다음 설명에 알맞는 단어를 쓰세요.

(1) 신에게 제사를 지내고 모시는 장소이며 입구에는 도리이가 있다. 안으로 들어가면 몸을 정결하게 하기 위해 손을 닦는 쵸즈도코로手水所가 있다. 그 외에 신을 모시는 본전과 여러 부속 시설이 있다. 신전은 본전과 배례전으로 되어 있으며 대부분 목조 구조이다. 하츠모데, 오미야마이리お宮参り, 시치고산七五三 등을 축하하기 위한 참배를 한다. 이 외에도 결혼식을 거행하거나, 소원을 기원하고자 할 때에도 간다. 일본이 국교로 내세운 신도의 사당은 무엇인가요? (   )

(2) 일본의 기독교는 프란시스코 사비엘이 1549년에 전래하였다. 그는 포르투갈선을 타고 가고시마鹿児島에 상륙했다. 현재의 일본 기독교 신도 수는 인구의 0.8%이다. 해외에서 일본에 유입된 종교 중 불교에 이어서 2번째로 큰 종교이나 일본은 신도와 불교의 영향력이 강하므로 많은 신도 수는 확보하지 못하고 있다.

1612년 도쿠가와 이에야스에 의한 기독교 금지령이 내려졌으나 쇄국 정책이 끝나고 메이지 유신과 함께 외국과 대등해지기 위한 다양한 개혁이 일어났다. 이에 따라 당시 완전하지는 않지만 신앙의 자유가 인정되었고 기독교의 신도 수가 늘어나기 시작했다. 일본의 기독교를 최초로 전래란 사람은? (   )

(3) 가내 안전, 번영, 금전, 입신양명 등 복을 주는 것으로 믿는 일곱 신으로 여러 장식이나 그림에 사용되어 행복을 기원하는 엔기모노는 무엇인가요?
(   )

3. 간단히 쓰세요.

(1) 일본 불교의 특색

(2) 엔기모노

제12장 대중 문화

1. 다음 사진의 명칭을 괄호 안에 쓰세요.

(　　　　　　　　)

(　　　　　　　　)

(　　　　　　　　)

2. 빈칸에 알맞게 적으세요.

(1) 일본에서는 많은 사람들이 서브컬쳐에 익숙한 상태로 지내고 있다. 만화나 애니메이션은 젊은 세대에서 인기가 매우 높은 편이다. 이런 서브컬쳐에 과도하게 몰입한 사람들을 (　　　　　　)라 지칭한다. (　　　　　　)라는 단어가 공식적으로 언급된 것은 1983년이다. (　　　　　　)는 원래 상대방, 제3자의 집을 높여 부르는 '귀댁お宅, おたく'이라는 말에서 유래하였다.

(2) 일본의 대중가요를 대표하는 장르이다. 애조를 띤 독특한 멜로디와 '고부시'라고 하는 가락이 특색이다. 인생의 허무함을 느낄 때, 사랑에 실패했을 때, 고향의 향수를 느낄 때, 위안을 얻고자 하는 심정을 노래한 (　　　　　　)가 많다.

3. 다음 설명에 알맞는 단어를 쓰세요.

(1) '변두리 문화', '주변 문화', '부분 문화', '소수 문화' 등으로 번역이 가능하다. 대다수 사람들의 문화가 아니라 일부 사람들의 문화라고 할 수 있다. 반대말은 Co-culture 로 공통 문화, 중심 문화라고 할 수 있다. 만화, 애니메이션, 게임, 컴퓨터 등을 의미하는데 현대에 와서는 그 의미가 퇴색되었다. 만화, 애니메이션, 게임, 컴퓨터 등을 소수의 문화라고 말하기 어렵기 때문이다. 그러나 오랜 시간 통용되었기 때문에 관용적인 표현으로 사용한다. 위의 설명에 해당하는 문화는?

(   )

(2) 일본 최대의 레저 산업 중 하나로 도박성이 있는 놀이이다. 이것을 즐기는 일본 사람은 약 1,450만~3,000만 명 이상으로 예상된다. 업소만 17,000곳이 넘으며 종업원 수만 30만 명 이상이다. 연간 매출액은 30조 엔 이상으로 추정되며 관련 월간 전문 잡지의 발행 부수는 200만 부 이상이다. 이것은 무엇인가요?

(   )

(3) 애니메이션 최초로 베를린 영화제에서 금곰상을 수상하고 관객 2,400만 명을 동원한 일본영화 사상 최고의 흥행 기록을 세운 애니메이션 영화이다. 영화 중 가오나시라는 캐릭터가 등장하는데 자기 목소리를 내지 못하고 대인 관계를 어려워하는 존재이다. 이런 특성 때문에 할로윈 데이에 한국에서도 가오나시 코스프레를 한 사람을 많이 볼 수 있을 정도로 사랑받는 캐릭터이다. 이 애니메이션의 제목은?

(   )

4. 간단히 쓰세요.

(1) 프리터

(2) 니트족

한일 관계 개선에 대한 제언

사진으로 보는

일본과 일본문화

JAPAN CULTURE